在西拉雅呼喊全世界

褚士瑩發現台灣之旅

孔子君 攝影
褚士瑩 文字

時間：早晨 9 點 4 分
地點：曾文水庫
天氣：起霧了卻很溫暖

時間：下午 2 點 36 分
地點：台南東山附近
天氣：溫暖的晴天

時間：傍晚 4 點 29 分
地點：碧雲寺附近
天氣：有點冷

全世界只有一個西拉雅

你知道它在哪裡嗎？

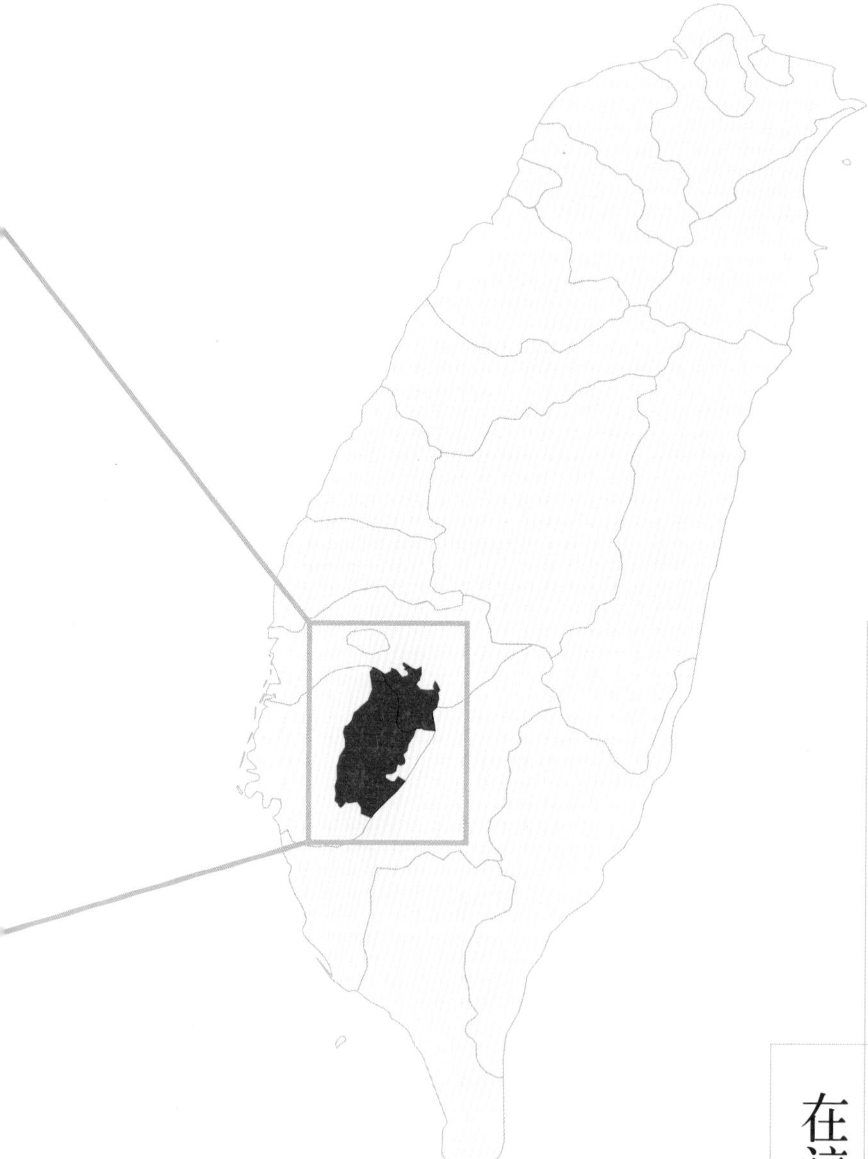

西拉雅國家風景區

在這裡

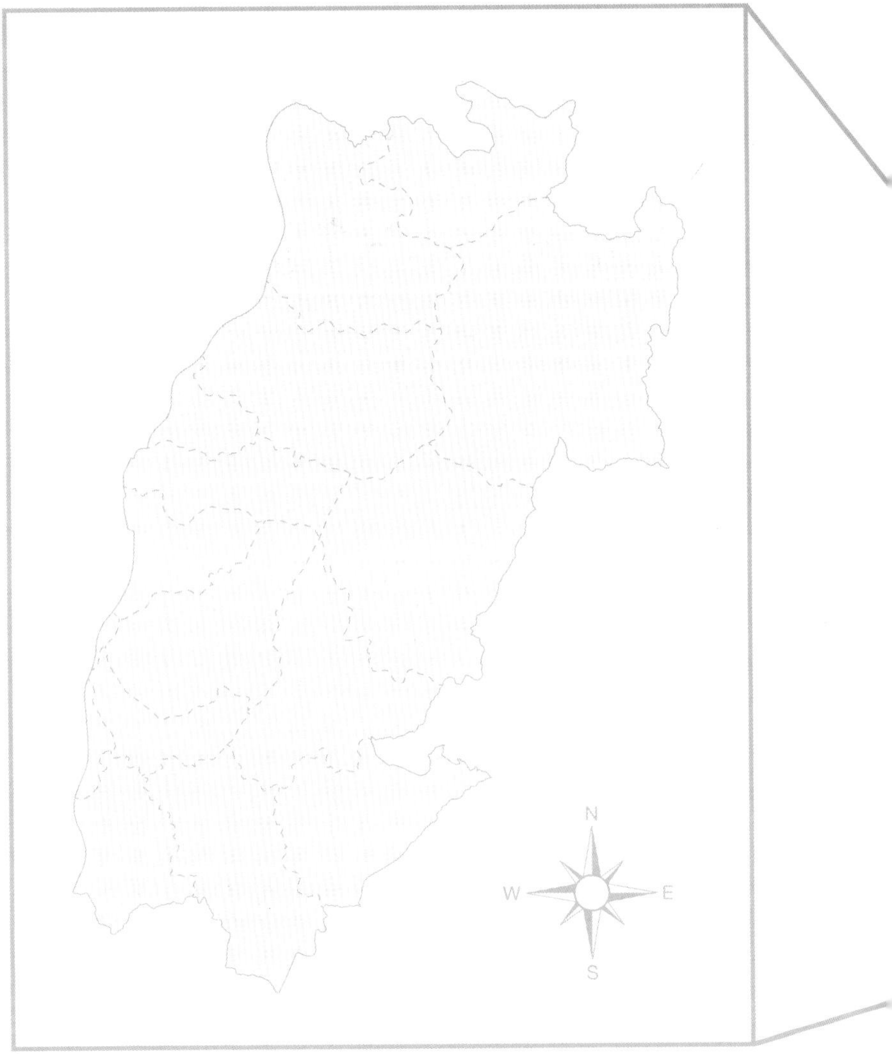

關於西拉雅國家風景區：

位於台南市嘉南平原東部的山麓地帶，是觀光局規劃成立的一座國家風景區，轄區內有關子嶺、烏山頭水庫、虎頭埤水庫、曾文水庫等知名風景區及左鎮文化區。名稱源自以往分布此區的台灣原住民西拉雅族。西拉雅國家風景區內資源地貌豐富，涵蓋溫泉、惡地形地質（俗稱「月世界」，其為青灰石岩所構成）、水庫埤圳、西拉雅原鄉文化、鄉鎮特產等多元觀光潛力。

西拉雅如此大，我卻遇見了他們

Hoke

他說：「因為我從出生就在有機農業中，根本不知道什麼叫做『不是有機』的農業，什麼叫做慣行農法。」

郭雅聰
（馬尾阿伯）

從台北結束了出版社的業務，移民到西拉雅來務農的先行者。
是開在山野間的咖啡館——「大鋤花間」的老闆。

陳得

「高峰咖啡」的老闆，
喜歡送有緣人材質厚薄都剛好的咖啡杯。

王超永

少量種植二、三十個不同咖啡品種的「十方源」老闆，
也是位咖啡狂人。

許鴻文

有機梅農，在梅園長大的他從小就發現自己對農藥過敏，曾經嚴重到
必須送醫院，因此對於農藥一直非常反感。

段淑云

人稱「西拉雅公主」，
目前經營一間叫作「五福園」的平埔族餐館。

小二哥

龍湖山農場的老闆，
他說：「我出生第一眼看到的，不是爸媽，是龍眼。」

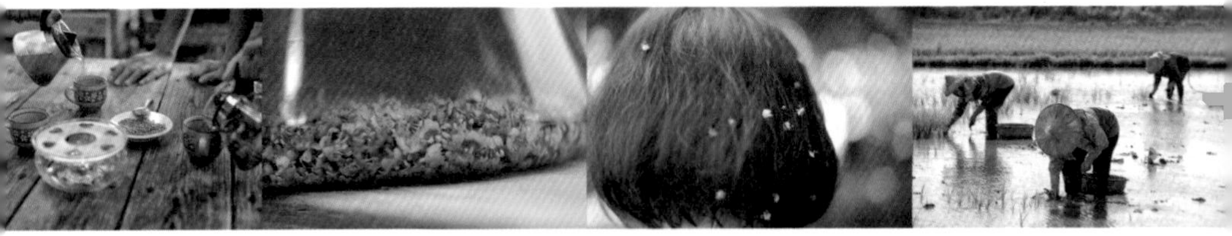

第4堂發現課

第5堂發現課

第1堂發現課

這裡不是西班牙，是西拉雅

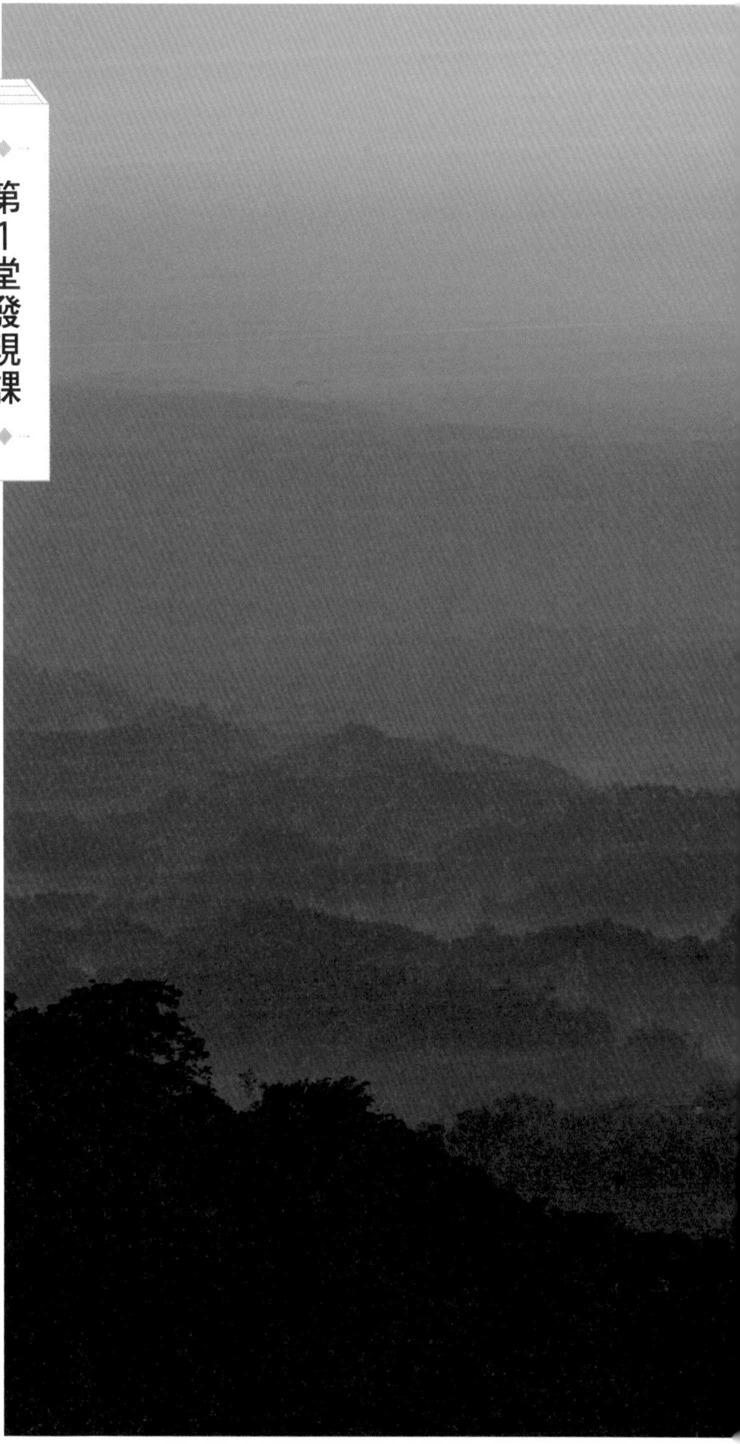

這地方，我好像來過

夜半時分，我搭著最後一班從台北到嘉義的高鐵，在西拉雅種植有機咖啡的年輕小農 Hoke 開著他的車來接我。我們一路在清冽的空氣中，蜿蜒順著淺山開往東山，沿路安靜無比，中間除了停下來營救一條在路中間的蛇以外，沿路完全沒有遇到任何人車，跟繁囂的台北不夜城，形成強烈的對比，彷彿到了另一個世界。

「我們到了。」Hoke 就在我快要不支睡著前說。

抓著隨身背包跟睡袋，我打開車門，立刻撲鼻的是漆黑夜色中的龍眼花香，如此濃郁，我深呼吸一口，忍不住呆呆地笑了起來。

「好棒的花香啊！」

「你就睡在樹屋吧，明天一大早天一亮就要起來，早點休息。」

Hoke 看到廚房的虹吸管裡，還有半壺冷掉的日曬黃波旁咖啡，拿了兩個杯子，我們一人一半，一飲而盡。然後他自己拿出水壺用山泉水裝滿，就朝著山下走，像夜半覓食的果子狸般悄悄消失在咖啡樹叢間，留下我一個人，坐在打烊的露天咖啡吧檯，望著山下燈火熹微的嘉南平原，我知道平原的盡頭就是海。

當下，覺得自己拋下一切的決定是對的，能夠這樣貼近大自然的脈搏，傾聽著，我真是世界上最幸福的人。

我之所以連夜趕來山上，是因為傍晚接到 Hoke 的一通像密碼般的簡訊，「明天早上七點確定採花。」

到西拉雅親自採龍眼花、跟 Hoke 的父親學習製作傳統的龍眼花茶，這件事我已經整整等了一年，知道如果錯過這最後機會，至少又要再等一年，我當然不願意錯過。於是取消了隔天所有行程，抓起登山背包跟睡袋，就直奔高鐵站。

去年因為龍眼開花的時候，被突如其來的大雨打落，所以一整年幾乎沒有龍眼收成，更別說做龍眼花茶。今年從三月開始，我就開始焦慮。

「我們這邊很多樹開始吐紅，不會開花了。要等等看另外一個山頭的樹。」

「開花前夕突然下了一場大雨，不知道花苞能不能保住。」

幾個禮拜以來，幾乎每天我都跟西拉雅的農夫朋友，包括 Hoke 在內，保持緊密聯繫，想知道龍眼花的花況如何。在西拉雅的東山地區，一千三百多公頃靠龍眼維生的小農，今年的命運，清明節後就見分曉。原本應該開花的樹頂枝頭，長出了紅色的嫩芽，叫做「吐紅」，一旦吐紅的樹就不會開花，當然也就不會有龍眼可以收成。

開花的季節一旦下雨，將花苞打落，就要再等十五天，新的花苞才會再生出來，雖然有機會，但是等到十五天以後，花季已過，還是沒有花。「靠天吃飯」就是：老天爺若是不賞花，就不會有花，沒有什麼道理可以講。

突然，在完全無法預計的時候，老天爺賞花了。

上一場雨的十五天後，那些沒有吐紅的龍眼樹，終於盛開了稱不上美麗的龍眼花朵。Hoke 一家，放下手邊所有的事，自稱當「採花大盜」，連採了幾天的龍眼花製茶，從一年前就說著要來學的我，卻因為手邊忙得不可開交，只能看著遠方傳來的手機照片過乾癮。

相隔二十多年，
回到西拉雅的土地，讓我看到自己。

收到簡訊以後，我撥了通電話到西拉雅。

「氣象報告說，後天開始連續兩、三天，龍眼花苞應該都會被打落。」Hoke用一貫含蓄的口吻說。

「那就要再等十五天了。」我內心盤算著，再過半個月，手邊的工作會稍微閒一點，那時候再去吧。

「嗯，」Hoke在電話另一頭稍微遲疑了一會兒，「那時候花季接近尾聲，就看到時候老天爺賞不賞給我們花了。」

這一聽，我整個人回神清醒過來，「等一下，你其實是在告訴我，明天的採花，根本就是今年最後一次機會吧！」

雖然才二十多歲，但是說話跟他家人同樣含蓄老成的Hoke，幽幽地說：「有一點這個意思。」

「那還有什麼好說的？我現在就下去！」

當時急於逃離，現在卻連夜趕來

就這樣，我不知道這一年來第幾次回到西拉雅。

但這還是第一次，抱著睡袋，坐在深夜的龍眼樹林之間，看著遠方的台灣海峽。雖然我看不見滿山盛開的龍眼花，但是我聞到了。

「這味道，我好像聞過……」這樣坐著一段時間之後，我像突然連上線的舊電腦，「……這地方，我好像也來過……」

不是最近……應該是很久、很久以前。

忽然，我想起來了。二十多年前，Hoke 可能還沒有出生，這裡也還沒有咖啡農場的時候，在我長年離開台灣前的最後一份工作，接受當時的

開始這段以「發現」為名的旅程。
我讓自己發現西拉雅，或許哪一天，西拉雅也會發現我。

Hoke 正拿著篩選龍眼花的竹篩子。

老天爺若是不賞花，就不會有花，沒有什麼道理可言。

台南「縣長」委託，更新台南「縣史」。雖然是一份聽起來龐大的工作，事實上卻得一個人包辦，所以從檢視史料到田野調查，就靠著我自己到所有鄉鎮去完成，而且還必須在縣長卸任前印刷成冊。當時我一心只想著趕緊完成任務交差，就能夠背起行囊，到世界的另外一頭——埃及念書去了。

那段時間，連續好幾個禮拜的春天夜晚，我就像現在一樣，每個白天的田野工作結束以後，抱著睡袋，坐在這座山上，看著遠方嘉南平原閃爍的燈火，陪伴著我的，除了鳥啼蛙鳴，就是這濃郁的龍眼花香。

當時的我，對於困在這荒郊野外的農村，沒有辦法趕快完成工作回台北，覺得極度不耐。當縣史好不容易完成時，據說上級長官相當滿意，封面好像還是「縣長」燙金的題字，但我卻連打開來看一眼都懶。

「不就是無聊得要命的台灣鄉下嗎？……為了寫得好像有特色，還要像寫小說那樣發揮想像力，簡直去掉半條命！」

這件事情，我拿了稿費後就再也沒有回想過，每一個去訪談、做過田野的鄉間，也就隨著在世界另外一頭的新生活，快速地被遺忘了。台南「縣」已經不復存在，而當年的「縣長」聽說幾年前也去世了。

直到二十多年後，人事全非的這個晚上，我回到這片後來才被正名為「西拉雅」的古老淺山地區，充滿期待，等待著天亮的時候可以跟在地的小農學習如何製作古老的龍眼花茶。據說從明代以來，寺廟裡的出家人幾百年來每年春天都會做。

這片長滿龍眼樹的山中，以龍眼維生的農家如果做了幾百年的龍眼花茶，他們的生活方式在我離開的這二十幾年來，顯然沒有太大的改變，但我的感受卻跟二十多年前完全不同，當時急於逃離的，現在卻連夜趕來。西拉雅境內的小農們「靠天吃飯」的生活方式沒有改變，肯定是我的內在，有什麼東西，變得完全不一樣了。

但是，究竟是什麼，在過去這二十多年中，不知不覺間改變了我？

我找到三件從本質改變了我的事。

第一件事，是我終於離開台灣、走向世界，成為一個「旅行者」。

旅行者的身分，讓我拋棄了從小在台灣教育制度下，學校、家庭教我的「正確答案」，並且開始去觀察細節，因為魔鬼藏在細節中。包括改變人生的重要時刻，可能隨時就在身邊，那重要的瞬間，很可能就在我低頭滑手機的時候一瞬即逝。因為旅行，我才變成五感比較敏銳的人。

聞到花香的那一刻，我知道我曾經來過這裡。

第二件事，是我終於拋棄舒適的陸地，擁抱讓人恐懼的海洋，成了一個「水手」。

水手的生活，教我學習按下人生的暫停鍵，讓大海教原本傲慢不羈的我學會謙卑。在汪洋中航行，讓我清楚看見個人的渺小，在一艘船上只有團隊合作才能讓我們一起平安到達彼岸。而生命的脆弱，提醒我面臨抉擇的時候，永遠選擇那個在生命戛然結束前回想起來，不會讓自己後悔的決定。

第三件事，是我拋棄了傳統的人生道路，成為「NGO工作者」。

在緬甸北方內戰頻仍的山區，花了十年做第一線的社區工作，教我重新思考「誰是好人？」「誰是壞人？」的問題，除了做我認為對的事，更重要的是如何把對的事做好。除了傾聽人，透過農業學習傾聽土地的聲音，明白有機農業固然重要，有機的生命態度更重要，我生平第一次跟土地、跟自然建立起充滿愛的關係。

相隔二十多年，回到西拉雅的土地，讓我看到自己。

西拉雅，不是西班牙

事後我在訴說這件事時，身邊不少人也說起他們對西拉雅有類似的經驗。在高雄的社造工作者許經緯，在參加西拉雅的播種節後告訴我這個故事：

「為了參加一年一度的播種節來到西拉雅，遠離市區的塵囂，遠遠聽見悠揚而陌生的西拉雅語，以及生氣蓬勃的音樂，剛巧碰上了西拉雅文化協會的萬正雄理事長一行人，帶領著一群孩子們正在繞著場域唱著九層嶺的山歌、進行播種節的儀式，這時候，我看著萬正雄身邊有一位亭亭玉立

旅行者的身分，讓我拋棄了從小的教育制度下，
學校、家庭教我的「正確答案」，並且開始去觀察細節。

的少女，還有一位台語很溜的外國人，在一棵大樹下停下來，剎那間我好像被閃電打到一樣，突然想起來了，原來很多年前我來過這裡！十二年前，我在一模一樣的地方，看過他們在那幾棵樹下，進行著一樣的播種節儀式。那個台語很溜的外國人，是萬正雄來自菲律賓的女婿 Edgar，而領頭唱歌的十九歲混血少女，就是 Edgar 的女兒，那個當年我們一起搶過零食的七歲小女孩……」

或許，我們都比想像中，更熟悉西拉雅，但那些記憶跟我的一樣，埋在很深、很深的地方。

回想我第一次聽到「西拉雅」這個名字，是幾年前接受西拉雅管理處的邀請，向當地觀光與農業相關業者去分享各國的訓練課程，做一些國際上所謂「可持續觀光」（sustainable tourism）的案例。可是到當地的第一天就發生了件讓人哭笑不得的事，讓我決定留下來。

作為一個國際ＮＧＯ工作者，我幾年前自己下了個小小的決心，決定趁著每年四次回台灣出差的機會，一有空檔，應邀去台灣各地的非營利組織進行培訓、帶領工作坊，不只分享國內外ＮＧＯ工作的經驗，也趁機多認識這個領域的台灣朋友，看別人是怎麼做的。於是有機會四處去台灣本島、離島，一些即使大多數台灣人也不會去的地方、遇見平常不會遇到的人。

比如我因此開始連續幾年冬天幫南方澳的印尼、菲律賓籍漁工們募集冬衣，也到馬祖的西莒島跟全校只有十幾個學生的國小學童一面吃飯一面說故事，我很驚訝自己對於台灣多麼的無知。即使人在國外，我也志願到麻省理工學院（ＭＩＴ）語言學暨哲學系，用我的母語閩南語參與錄音，進行台灣語言學家黃婷正在做的閩南語「構音及感知」實驗。藉著接

在汪洋中航行，讓我清楚看見個人的渺小，
在一艘船上只有團隊合作才能平安到達彼岸。

觸這些努力讓台灣變得更好、讓世界更認識台灣的人，透過他們的眼睛，我因此學習更多關於台灣的故事。

「西拉雅」也是如此，一個我從來沒有聽過的國家風景區，坐落在嘉南平原東邊的淺山跟山麓地帶上。我本來以為是自己離開台灣太久，孤陋寡聞，只有我不知道，但隨口問身邊見多識廣的朋友，才發現聽過的人竟然也不多，就算有聽過的也沒去過：「咦？我在高速公路開車好像有看到出口指示牌，但不知道那到底是什麼。」

聽過、去過的人，也幾乎沒一個確實說得出西拉雅從哪裡開始，到哪裡結束，或是西拉雅是什麼、有什麼。

「這也未免太神祕了吧？」這讓我興趣一下子都來了。

在關子嶺溫泉的工作坊結束後，我決定自己留下來幾天，想好好認識這個地方。車子來到一片田野當中，突然看到一個可愛的小聚落，傍晚的

正在專心剝龍眼肉的阿嬤。

家家戶戶都炊煙裊裊，我們看到一個拱著駝背的老婆婆，正坐在路邊，面對著一個插電的小桌子在剝龍眼乾，好奇心驅使之下，臨時起意停下腳步，跟老婆婆聊聊天。

當天我才剛第一次聽過台灣原來有「西拉雅族」，所以興致勃勃地問：「阿嬤，妳是不是西拉雅族人？」

本來很專心在剝龍眼肉又有點重聽的阿嬤，聽到有人跟她說話，抬起頭來端詳了我們一會兒，可能是看到我們一行人裡有一個阿根廷來的老外孔子君，她的嘴咧開來笑著說：

「西班牙喔？很好很好，我孫子有帶我去玩過。」

「阿嬤，不是啦！」我當場忍不住笑出來，「我是想問說，你會不會講西拉雅語？」

「西班牙語喔？對對，那我們要跟你學西班牙語！」老婆婆繼續雞同鴨講。

「不是啦，阿嬤！」孔子君也忍不住了，接手用流利的中文說，「妳知不知道什麼是『西拉雅』？」

奇妙的是，聽不懂我講話的阿嬤，卻比較聽得懂老外的中文，認真想了很久以後說：「西拉雅喔？我唔知。」

「可是這裡不就是西拉雅嗎？」我們幾個人面面相覷。

很久以後，我們才知道，這個小聚落叫做東原里。不但是西拉雅的一部分，而且根本是西拉雅「窯文化」的重鎮，家家戶戶世世代代都用土窯，柴燒烘烤龍眼乾，是西拉雅文化的重要象徵。

很多台灣人以為「西拉雅」是在美國西岸的「西雅圖」，甚至還有跟雲南「西雙版納」搞混的。這也就算了，可眼前這位明明一輩子生活在西拉雅境內的老婆婆，竟然說她從來沒聽過「西拉雅」這個名字，也不知道自己生活在西拉雅，搞不好她根本就是西拉雅族人，卻還以為我們說「西班牙」，這未免太誇張了。

更有甚者，我們遇到一些西拉雅族人，他們說自己是在長大成人以後，才知道自己是西拉雅族，有些還特別去驗血，但他們從來沒聽過西拉雅語，也不知道該從哪裡去認識西拉雅的語言跟文化。可是明明十七世紀、十八世紀留傳下來很多台灣的土地契約「新港文書」，根本就是西拉雅語寫成的啊！

「窯文化」是西拉雅文化的重要象徵。

一門叫做「發現西拉雅」的課

「西拉雅到底還有什麼祕密？」在遇到東原里的老婆婆那一天晚上，我們一面泡著關子嶺泥漿溫泉、一面天馬行空地聊天。

因為覺得太不可思議，所以在場幾個朋友，決定給自己為期一年的重要功課，去重新認識台灣這塊叫做西拉雅的土地，而這一門課就叫做「發現」。因為大多數人不知道，並不代表不存在。

不知道，很可能是因為沒有去「發現」。

為了能夠發現，我們都需要「聆聽」、需要「觀察」、需要「學習」。

在地人聽到我們的想法，大多嗤之以鼻：

「唉，我們這裡就是普通的鄉下農村啊，哪有什麼特色？」
「西拉雅族？我們還沒有被中央政府正名，不算少數民族（註1）。」
「你要來五天喔？太長了很無聊吧？我們這邊大多數就是一日遊，頂多住一晚，吃個飯，看一下水火同源，再待更久就沒地方玩了。」

我們也各自發揮所長，分配了工作。孔子君拍照跟記錄短片，在旅行業工作的就負責跟在地年輕人一起設計開發行程景點，會辦演場會的舉辦一系列在地旅遊的活動，視覺設計師負責開發具有西拉雅特色的商品包裝，我則是負責說故事，寫一本關於西拉雅的書——你現在正要開始看的這本書。

註1：在地方部落長老和在地公民團體的多年奔走、努力下，西拉雅族於二〇一六年底在經過政府多次否決後，終於被正式核定為台灣的原住民。

我生平第一次跟土地、跟自然建立起充滿愛的關係。
相隔二十多年，回到西拉雅的土地，讓我看到自己。

「在網路的年代，我們還需要一本旅遊書嗎？」

詩人刀爾登曾經在〈新的旅行〉這篇文章中提出這樣的問題：「還會有新的旅行嗎？」因為在過去，旅行意味著前往未知世界，但如今已經變成現代人日常生活的一部分，所以如果只是記錄去哪裡、做什麼，其實我們已經見得太多了。但是刀爾登說得好，「唯一值得留意的是敘述的口吻」。

所以與其說這是一本關於西拉雅的旅遊書，更不如說這是一本我在已知與未知的邊界探索西拉雅的書。

我不知道這樣的探索，會不會有結果，或是會有什麼結果，但我衷心期待自己有一天，或許會更清楚地聽到自己身體裡那個沉睡的台灣，漸漸浮出水面，就像聽到湧泉從西拉雅天池底部的泥漿裡，此起彼落冒出水面的氣泡聲那樣。

我的耳朵漸漸打開。

我的心漸漸打開。

就這樣，開始了這段以「發現」為名的旅程。就像哥倫布發現新大陸，其實是讓新大陸發現哥倫布。我讓自己發現西拉雅，是期待著或許哪一天，西拉雅也會發現我。我們是如此平凡，如此不切實際，卻又如此美麗，而能夠重新認識台灣，就是最美好的報酬。

第2堂發現課

用「節制」態度，學習甜蜜慢生活

把春天用糖鎖住的男人

為了這差點就錯過的春天最後一擊，我等待了一整年。

「我們今天去哪裡採花？」坐進外表看起來快要解體，但馬力威猛的農用車，Hoke 的父親很有威嚴地問。

「今天去文福大哥的龍眼園。」Hoke 用跟將軍報告的恭敬口吻回答。「我昨天已經先去勘查好哪幾棵樹開花可以採，動線也想好了。」

Hoke 的父親輕輕點頭，瞇著眼發動引擎，灰白的馬尾跟著引擎震動起來。

「他們果園是有機的嗎？」

「是自然農法。我有去確定過。」

「那就好。」馬尾阿伯嘴角露出一股淺淺的笑意，「要吃進嘴裡的東西，千萬不能馬虎。」

說著採花大盜就用力將引擎一踩到底，卡車後面我們這些抱著篩子、網子、長鉤子各種道具的採花小盜們，包括Hoke擁有博士學位的姊夫阿吉，一個踉蹌一片東倒西歪，朝著山裡奔去。

天色才剛亮，我們的早餐是一人一杯農場自己種的咖啡，今天喝的是水洗法的鐵皮卡，意料之外的醇淨清爽。

Hoke事前就告訴過我，採花的時間不能太早、也不能太晚。太早了太陽沒出來的話，露水太重，水分太多，花蜜不夠飽滿，但是晚了也不行，因為蜜蜂已經出來採蜜，留在蕊芯裡的蜜就少了，而且容易被蜂螫。

「所以要當採花大盜，要在露水已經蒸發以後，蜜蜂出來上班之前才可以。」我在筆記本上用鉛筆歪歪斜斜地寫下。

文福大哥是Hoke的好朋友，是一個純樸的清瘦農夫，跟他的妻子一起在農場的入口等著我們。因為如果沒有人帶路的話，山中農場茂密的森林中，連衛星導航也看不到的山中小路，除了農地的主人之外，是沒有辦法找到方向的。

我們跟著文福大哥先把正在盛開的龍眼樹觀察一輪，並不是有開花的都是我們採花的對象，因為每棵龍眼樹會同時開雄花和雌花，而且會先開雄花，再開雌花。所以首先我們要找的是才剛開始進入開花季節，雄花開得多、但雌花只開了一點的那些樹，已經開了很多雌花的樹，就不能採了。

不搖雌花的原因很簡單，如果把雌花都搖下來，那今年就沒有龍眼了。很快地我就會從花的外形，分辨哪些是雄花，哪些是雌花了。

確定雄花多的樹之後，還要從花在枝頭的外觀，判斷這些雄花是第一天剛開的花，還是到了第二天盛開的花，因為龍眼雄花的花期只有兩天。第一天還沒盛開，跟枝頭連得緊密，用力搖也文風不動，第二天進入盛開，也會逐漸從枝頭鬆脫，就算不去採，到了第二天傍晚，雄花也會自己離枝掉落在地面。

「那為什麼要這麼費事採花，不在樹下鋪好網子，讓花第二天自己掉下來就好了呢？」我天真地問。

與其說這是一本關於西拉雅的旅遊書，
更不如說這是一本我在已知與未知的邊界探索西拉雅的書。

「因為到了第二天傍晚的花就是枯萎的花，花蜜也被蜜蜂採光了，不是最佳狀態，怎麼有辦法做出好喝的龍眼花茶呢？」文福大哥的太太聽我這城市人說出這等傻話，忍不住大笑。

實際上，我確實知道在台灣其他龍眼的產區，也有些地方聽說是專門只用枝頭凋落的龍眼花，直接曬乾包裝做成的龍眼花茶。但是像西拉雅這麼講究的，還是第一次見識到，也難怪雖然都是龍眼花做成的花茶，風味跟價格卻有著天差地別。

「這株雄花開得很『蓬』，」文福大哥跟馬尾阿伯這兩位經驗豐富的採花大盜，瞇著眼端詳其中一株花樹半晌後說，「嗯，可以把網子張開了。」

採花不能貪多，必須為往後的龍眼花開打算。

採花大盜也是爬樹高手

突然之間，好像一二三木頭人，所有採花小盜們都動了起來，一人拉著巨大帆布的一個角落，合力在老樹下張開。因為龍眼樹長在山坡上，為了要能夠順利接到所有樹上搖下來的花，四個角要綁在離地面很近但接觸不到地面的枝頭，中間形成一個淺淺的漏斗。

接著 Hoke 身手矯捷地爬到樹上，樹下每個角落的人都確認負責自己照顧的範圍之後，就開始在樹幹上跳上跳下，他用力一跳，樹上的龍眼花就像鵝黃色的雨水般，窸窸窣窣落了下來，正好被網子接住。

Hoke 才跳兩下，馬尾阿伯就發號施令叫停。

「兩下就好了。」

「咦？可是還有很多花啊？」我看著帆布上稀稀落落的小花，跟一起從樹上掉下來的枯枝、枯葉、毛毛蟲、竹節蟲、蜘蛛、螳螂比起來，根本沒多少。

「不能貪心採太多，」馬尾阿伯說，「採光了，蜜蜂就沒有花蜜可以採，龍眼花就不會授粉。」

Hoke 也很順從地，爬到大龍眼樹的另外一端，我們底下做採花小盜的，也要估算花落下來的位置，重新調整帆布，然後 Hoke 又用力跳了兩下，停下來。這棵樹，就算採完了。

「好，我們換下一棵樹。」

龍眼花體型很小，從一棵樹收集的小花，在帆布中心小心翼翼倒到大竹篩上，根本沒多少，而且十分之九都是等一下要篩掉的枯枝、枯葉、毛毛蟲、竹節蟲、蜘蛛、螳螂。我萬萬沒想到採龍眼花這麼費事。

一切要懂得「節制」「適度」，
遵循著大自然的規律。

收集在竹篩上的花，還不能在太陽下曝曬，要放在樹蔭下乾燥的大石頭上，新鮮的花才不會被太陽曬乾了。

就這樣，我們在坡度超過三十度的山坡上，從一棵樹換到另外一棵樹，都是一開始就選定的，每棵樹選兩、三個細枝的部位，每個部位用力跳兩下就停止，不斷地調整帆布的位置，採完的花立刻攤平放在竹篩上陰乾，慢慢地我也找到了一定的韻律。

「阿吉，換你爬。」Hoke 從樹上氣喘吁吁下來後，對他姊夫說。

「阿吉是博士，才剛來不久，哪裡會爬樹？」文福大哥跟大嫂，立刻想要阻止。

平時講話非常有禮溫和的 Hoke，卻一反常態，堅定地說：

「既然阿吉選擇跟我姊姊結婚，到山裡面來生活，就要學會做我們做的事。這不是應該的嗎？」

我看著阿吉，看來他確實不會爬樹。我也不會爬樹，突然採花小盜們都僵住了。

「我試試看吧。」從高雄來幫忙的女生妮妮突然自告奮勇，穿著上班族的套裝跟靴子就往樹頂上爬，到了高處枝椏細到再也上不去的地方，馬尾阿伯才喊停。

「好，開始跳。」一聲令下，妮妮使盡吃奶的力氣搖晃起開得正「蓬」的花樹，花朵像是陽光下的一陣黃金雨，落在我們的身上，在皮膚上彈跳一下，進了打開的帆布裡。

使出洪荒之力完成以後，妮妮很不好意思地踩著 Hoke 肩膀從樹上下來，突然臉色發白，癱在鋪滿厚厚的龍眼樹葉的地上，「我好暈，我想吐……」

有人認為清晨搖下樹的花最好，
也有人堅持用傍晚自然掉落的花朵。

認真爬上龍眼樹的 Hoke。

一開始我們一群採花大小盜們，不知道妮妮怎麼了，但是文福大哥一說：「妮妮暈車了啦。」我們立刻都恍然大悟。

這一說，所有人都哄堂大笑。

「妮妮是我看過的都市人裡面，最會爬樹的喔。」Hoke帶著尊敬的語氣說。

我從竹篩子上拿了一朵龍眼花放進嘴裡吸吮，那是新鮮龍眼花蜜的味道，跟龍眼蜂蜜的味道有著細緻的差別。我想起童年時在高雄鄉間吸吮扶桑花花蜜的日子。但是龍眼花的花蜜，多了一種陽光的香氣。

九點多鐘，太陽逐漸耀眼，蜜蜂也多了起來，馬尾阿伯宣布收工，我們小心翼翼、端端正正捧著竹篩子，回到卡車上，跟真誠的文福大哥道別以後，打道回府。真正辛苦的工作，從這時候才要開始。

採花不能太多，也不能太少

製作龍眼花茶的日子，特別的原因在於無法預計。龍眼花盛開的期間，每天一大清早就要觀察，因為每天盛開的程度不同，就算盛開，萬一剛好遇到下雨過後或是露水太重，花蜜就不夠飽滿。

採花不能太多、也不能太少。也不能季節太晚。採太少了，分量不夠一整年飲用；採太多了，龍眼就少了。季節一開始的早花是雄花能採，但是季節晚了花是雌花，就不能採了，每個枝椏就只能跳兩下。

一切要懂得「節制」「適度」，遵循著大自然的規律，這想法跟修行有幾分相似。

所以當我發現在西拉雅製作龍眼花茶的傳統，是明代以來從寺廟留傳下來的，我並不訝異。

西拉雅地區從碧雲寺到仙公廟的出家人，都還維持著做龍眼花茶的傳統，在每年春天野生龍眼樹開花的時候，將雄花在花蜜最飽滿的時候摇下來，製成龍眼花茶。光是想像出家人穿著僧袍，身手矯捷地爬上龍眼樹細枝的地方摇花的景象，就有如看武俠片般有趣。

出家人製作龍眼花茶的傳統技術，流傳到民間之後，西拉雅每個種龍眼的農家，都維持著這個迎接春天的美好傳統，各自用獨門的方法做龍眼花茶。光是東山就有近三千公頃的龍眼園，龍眼花茶的製作當然五花八門，比如龍湖山直接用日曬法，大鋤花間用冰糖炒，將每一顆充滿蜜的盛開龍眼花鎖在一朵透明的冰糖中，另外也有用砂糖製作的。人稱「大姨」的李麗琴則用獨門的海帶、水果、蔬菜等十多種蔬果做有機堆肥，來增加龍眼花的風味。

珍貴的龍眼花，任何一株都不能浪費。

用竹篩子留下龍眼花最精細的部分。

有人認為清晨搖下樹的花最好，也有人堅持用傍晚自然掉落的花朵。有人堅持當天炒花，也有人覺得要在太陽下曬上幾天，再以龍眼柴薪煨火翻炒好幾回，才會好喝；也有人相反，認為先炒過以後再曬上幾天才是王道，有的則用焙茶的方式來做龍眼花，在西拉雅南端的南化一帶，則會加鹽巴和米酒用小火小心翻炒。

風味當然也因此各有巧妙，有的適合喝熱的，有的適合泡冰的；有的適合喝完咖啡來上一壺，也有的適合配上一撮台灣高山茶一起沖泡，有人加普洱，有人加桂花。

Hoke 一家的龍眼花，只從自家跟熟識的朋友農場採收，才能確保是沒有農藥汙染的花。

放伴的傳統與義氣

這些早上採回來的花，片刻不能浪費。回到農場時，已經看到一群馬尾阿伯的朋友從遠近各地來到，蓄勢待發準備幫忙。

一看到花在竹篩子上，原本正在喝茶聊天的一群中年大叔，忽然各就各位，一字排開。有人先用網目比較大的竹篩子，將比較大的樹葉、樹枝、昆蟲都先濾掉，交給下一個人用網目比較細的竹篩子，輕輕反覆篩過幾遍後，幾乎都剩下黃色的龍眼花了。

但是顯然這還不夠乾淨，接著幾位大媽，還有 Hoke 家裡的女眷，全員出動。大媽們戴起老花眼鏡，一人拿著一個小鑷子，立刻用專注的眼睛跟輕巧的手指，將肉眼幾乎看不到的雜質、小樹枝及樹葉挑揀出來，而且只能用指尖輕輕撥動花朵，最忌太用力捏傷了飽含花蜜的花朵。

「咦？他們是專門來工作的嗎？」我好奇地問 Hoke。

「沒有啊。他們就是朋友，來幫忙的。」Hoke 說。

「不用付工資嗎？」我還是不能理解。

這是我第一次知道西拉雅地區「放伴」的傳統。放伴是農家們彼此互相幫助，只要有哪一家人需要人手的時候，就會主動去幫忙，而且當作是自己的事一樣認真對待，因為等到自己家需要有人手幫忙的時候，大家也會去當幫手。

「雖然沒有白紙黑字寫下來，但是我們這裡的人們，每個人心裡都記得自己欠了誰幾天工，一有機會，就會去幫回來。」Hoke 跟我解釋放伴的道理。後來我在仙湖農場的年輕接班人侃蓄那裡，也陸續聽到更多關於西拉雅地區一帶放伴的傳統。我一位來自當地的地理老師朋友秋瑾，他的碩士論文的研究，就是以放伴作為主軸，真是有趣極了。

冰糖炒花，鎖住最美好的時刻

全部都挑揀乾淨的花朵，立刻要交到全身包得密不透風的馬尾阿伯那邊。他已經開始在火爐上一口製作宴席料理尺寸的不鏽鋼大炒鍋上，熔化了大量的冰糖，拿著鏟子非常有韻律地不斷攪動著，確定透明的冰糖水越來越黏稠，但是不能有任何燒焦。

「穿這麼多難道不熱嗎？」我問馬尾阿伯。

「等到糖滾了你就知道。」說時遲那時快，冒著泡的糖漿，有一滴噴到我沒有包覆的前手臂，立刻像被子彈擊中般疼痛，而且糖漿很快就在我的皮膚上燒出一個紅通通的洞，一摸就連皮膚一起剝落，疼得不得了。

全副武裝的馬尾阿伯笑著，眼睛繼續完全不離開鍋子，這時候一個盛滿挑揀乾淨的龍眼花的竹篩子來了，緩緩倒進滾燙的冰糖漿裡，連糖帶花

需要慢慢花時間，
才能把生活最美好的片刻鎖住。

龍眼花茶 製作過程

1 開始找雄花開得比較多，雌花只開了一點點的龍眼樹。

2 有人在龍眼樹下把巨大帆布張開，有人爬到樹上用力踩兩下，讓龍眼花掉下來。

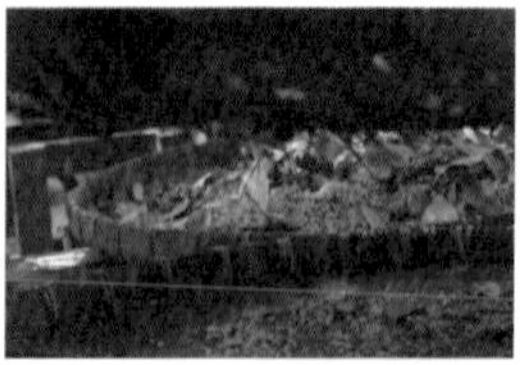

3 將帆布上的龍眼花倒在竹篩上，篩掉枯枝、枯葉、毛毛蟲、竹節蟲。

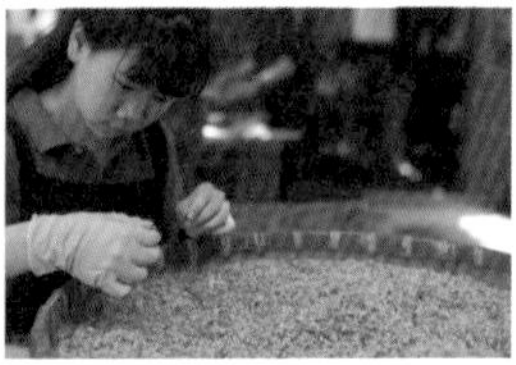

4 將肉眼幾乎看不到的雜質、小樹枝、樹葉挑揀出來。

5 接著在不鏽鋼大炒鍋上方熔化大量冰糖，拿著鏟子不斷攪拌。

6 將盛滿挑選乾淨的龍眼花倒進滾燙的冰糖漿裡，連糖帶花均勻混合攪拌。

7 炒花的過程，火候必須均勻，連續四十分鐘都不能換別人，也不能停下來。

8 炒到快四十分鐘，水分會突然消失，每朵花都會被又鬆又乾的冰糖包覆起來，龍眼花茶就完成了。

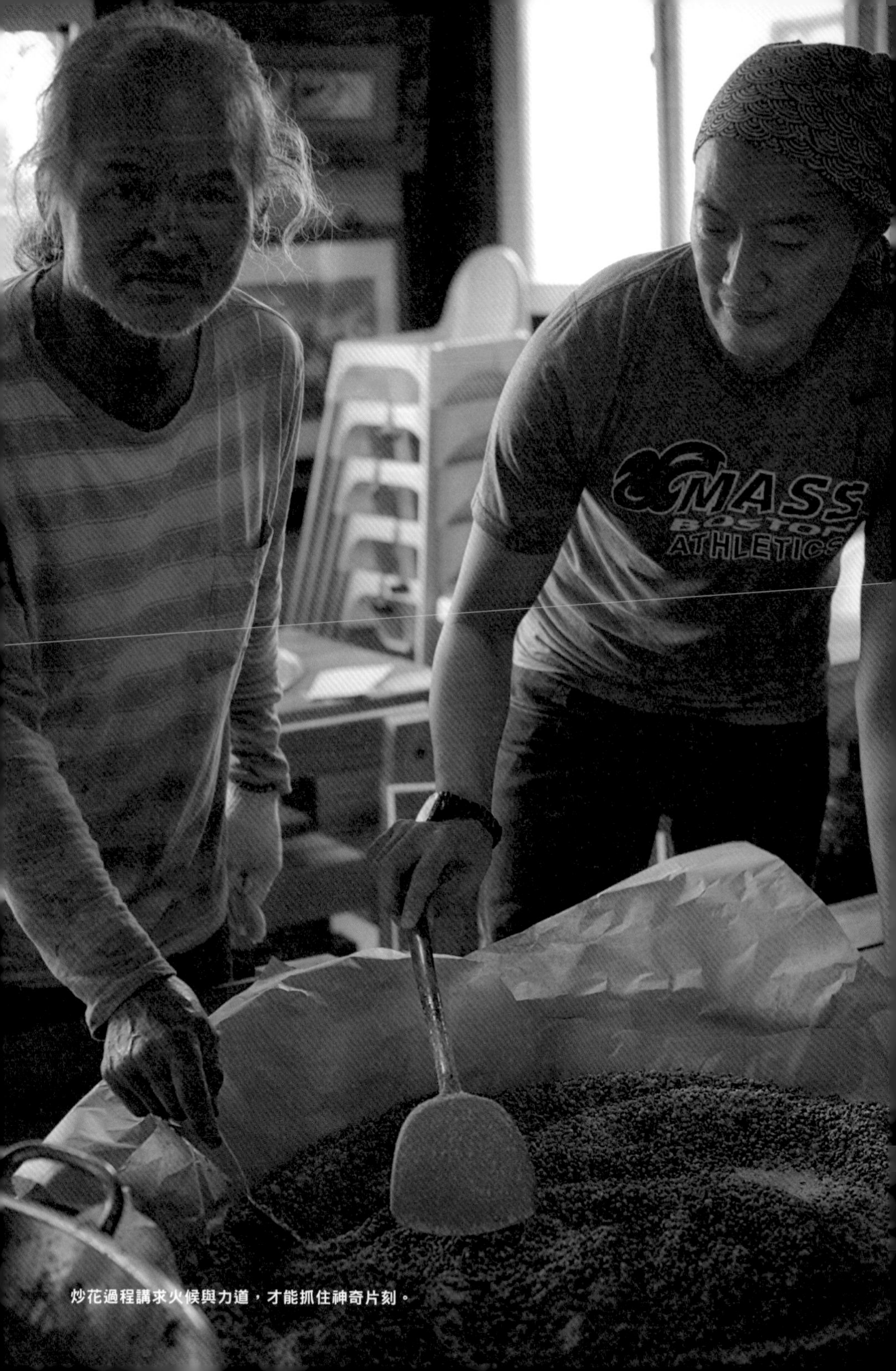

炒花過程講求火候與力道，才能抓住神奇片刻。

均勻地混合攪拌。開始炒花的過程，火候必須均勻，每一鑊的手勁強，但力道要剛好，不會燒焦，連續四十分鐘，如果手痠了，不能中途換手、也不能停下來，只能左右手輪流交換。

Hoke 跟我說過，他的父親馬尾阿伯的成功率是百分之百，但是他跟在旁邊學了那麼多年，成功率也才只有百分之七十，但是這些來幫忙的大叔大媽，不少都是想來學習手藝的。成功率很低，往往一個不小心，已經那麼多道繁複工序的花，一整鍋就燒焦了，變成焦黑一大坨，根本沒有辦法挽救。

「在快到四十分的時候，會有一個神奇的片刻，在那一瞬間，原本一直都是一整鍋的龍眼花跟糖漿狀態，所有水分會突然間消失，每一朵花都會被一層又鬆又乾的冰糖仔細包覆起來，變成一鍋無數的小花球。但是如果那一個瞬間閃神了，沒有把握好，就會變成一鍋焦黑的糖，一大塊黏在炒鍋上。」

我目不轉睛，連眼睛都不敢眨，生怕錯過馬尾阿伯那神奇的片刻，the magic moment。

果真，就在炒花的四十分鐘左右，說時遲那時快，神奇的片刻發生了。鍋裡的水分一瞬間消失，一顆一顆龍眼花大小的糖球出現了，而且隨著鍋鏟繼續翻炒，原本深褐色的糖球，水分持續變乾而變得越來越淡。馬尾阿伯一手繼續翻炒，輕輕將其中幾丸結成高爾夫球球狀的花球敲開，一手持續微調火焰的強度，如果敲不開的，就變成我們在旁邊圍觀者甜蜜的獎賞，直到完成關火為止。

當包裹著充滿花粉的冰糖，整朵充滿花蜜的溫暖龍眼花含在舌尖時，那奇妙的體驗，是無法用文字描述的。

這時候，原本盛花的竹篩子上，已經鋪了兩張超大的半透明吸油紙，小心翼翼地將剛剛離火的龍眼花平均鋪在紙上，慢慢冷卻。

Hoke 端上一個瓷盤給馬尾阿伯，他繼續用鍋鏟把不鏽鋼鍋薄薄一層充滿花粉的冰糖，小心翼翼從鍋底刮下來。

「這鍋巴才是我覺得最好吃的部分。」

馬尾阿伯一面說，一面朝自己嘴裡送了一塊。

「龍眼花茶是用來賣給客人的，但是因為量很少，我們自己家人要喝，都是用這些鍋巴的糖片泡。」Hoke 私下告訴我。

雖然第一鍋完成了，但是一點休息時間都沒有，大媽們挑乾淨的花，又盛在竹篩上送上來了，第二鍋花就開工了。

「今天一共要炒幾鍋？」我問。

碧雲寺是龍眼花茶的製作發源地。

馬尾阿伯說今天的量夠五鍋。每一鍋四十分鐘，毫不休息，就是三個多小時跟鍋鏟還有高溫的耐力賽。一旦製成龍眼花茶後，花蜜可以被鎖在冰糖裡面保存兩年。

兩輪之後，馬尾阿伯突然把鍋鏟交給我：

「這一輪你來吧。」

「那怎麼行？」我連忙搖手，「萬一我把一整鍋燒焦了，那還得了？」

經歷了完整的製作過程，我更知道如果花了那麼多的人力，一整年等待這一天，卻在最後毀在我的笨手笨腳上，我肯定沒有辦法原諒自己。

「你已經看了兩輪，沒問題的。」

深呼吸一口氣，我接過鍋鏟。Hoke家人對我這個外人的信任，讓我覺得千萬不可以搞砸，辜負了他們一家，也不能辜負了春天。

我一上陣，明顯發現我跟中式炒鍋很不熟，大夥兒圍著我看著，笑著，但還是放心地繼續讓我處理。

四十分鐘之後，我經歷了我在西拉雅第一次神奇的片刻。像阿拉丁神燈一下，炒鍋冒出一陣白煙，巨人沒有出現，卻在鍋子裡出現了許多圓滾滾的龍眼花糖球。當下我才終於鬆了一口氣，發現我的手肘比打兩個小時的網球還要痠。之後的一輪，Hoke 獨力完成。最後一輪，又交回給馬尾阿伯。

原本以為今年的龍眼花茶製作結束了，沒想到這時阿吉端上了最後一個竹篩子，上面有很多白色的粉末，都是從最細的篩子裡面篩出來的。

一個具有未來性的農法，
必須是能夠對地球友善、對農夫友善、對消費者友善的農法。

「這是什麼？」我滿臉狐疑。

「這是花粉跟還沒有開的花苞，」馬尾阿伯說，「當然也不能浪費。這比龍眼花茶差一等，但是勝過我們自家人泡來喝的鍋巴，是給親戚朋友來拜訪時喝的。」

說完一面把鍋鏟又交給我。有了上一次的經驗，我的膽子大了些，而且知道這不是要販售的，壓力也減輕不少，於是這次毫不推辭就接下了收尾的工作。

來「放伴」的大媽大叔們，挑揀完準備離開，我一面攪拌著滾燙的冰糖，一面說再見，有幾位還自稱是我的老讀者，圍著笨手笨腳的我，自拍了一陣才離開。

這時才注意到文福大哥跟他的妻子，也赫然在列，他們家自己不做龍眼花茶，但是我相信看到他們家的天然龍眼花，在眾人的同心協力下，被小心翼翼做成這麼美好的花茶，一定也覺得很光榮吧。

回沖個幾次的龍眼花茶雖然沒了甜味，但依舊保留清香淡雅的龍眼花香，浸泡後的龍眼花會釋放原花青素與兒茶素，所以拿泡過剩下的花渣，加入麻油、甚至再加一些龍眼乾煎蛋，就成了明代以來，從寺廟走到西拉雅民間，甜蜜而獨特的龍眼花茶料理。

太陽要下山的時候，終於把所有的龍眼花茶都製作完了，還要一一放在小磅秤，每十二公克做成茶包、封口，把這值得紀念的一天的陽光鎖住，保存在最新鮮的狀態。

需要慢慢花時間，才能把生活最美好的片刻鎖住。

喝一杯靠天決定的龍眼花茶，打開我的耳朵，打開我的心。

本課商家資訊

大鋤花間：一個小農父親要有什麼樣的決心，多少年的堅持，才能讓子女不懂什麼叫做「施化肥、灑農藥」，世界上唯一知道的農業，就是「有機農業」？

大鋤花間
地址：台南市東山區高原里高原 109-17 號
電話：06-686-4350

仙湖農場：作為新一代的返鄉青農，努力實踐透過農業定義生活美學，同時鼓吹將西拉雅傳統的「放伴文化」，放回現代農業。

仙湖農場
地址：台南市東山鄉南勢里賀老寮一鄰 6-2 號
電話：06-686-3635

善知院：延續明代出家人的傳統，與世隔絕的禪修院裡，桂花盛開時，就是這群自耕自食的修行人，遵循古法製作桂花茶的時候。

善知院
地址：台南市白河區虎山里木屐寮 37 號
電話：06-683-1338

第3堂發現課

真正的豐收，是有機的慢生活

農作物先給蟲吃，牠們吃剩才給人吃

做完龍眼花茶的那段時間，我的腦海裡時常想起Hoke的父親，也就是馬尾阿伯郭雅聰那天在龍眼果園裡面，眼神堅定地注視著果園主人文福大哥的眼睛問他：「你們果園是有機的嗎？」

任何人在那個情境之下，面對那一雙眼睛，都無法說謊吧？

文福大哥跟他的妻子，眼神沒有任何閃躲，肯定地回答說：「是的，我們是自然農法。」

於是我們才開工採花。我目睹著這兩個熱愛土地、有如熱愛自己生命一般的男人，交換誠信的過程，對於那幅畫面帶給心裡的感動，久久不能忘懷。我記得休息的時候，我問馬尾阿伯一個許多小農質問過我的問題：

「消費者大多不知道有機農業的實現難度有多高，想要農產品有機，卻又不願意付比較高的價格。難道折衷的『農藥殘留容許量標準』不夠好嗎？」

不熟悉農業名詞的人，應該不知道什麼是所謂的「農藥殘留容許量標準」，這是衛福部對於台灣每一種特定農作物的農藥使用標準。每個國家的規定不同，所以規定的容許量也不同，但是只要在標準內，基本上被認為對消費者是健康安全的。

我討厭農藥

「我討厭農藥！」我記得馬尾阿伯想都沒想就搖頭說，「法律規定是一回事，但龍眼花就跟咖啡一樣，是要沖熱水，直接吃到嘴裡面的東西，怎麼可以有農藥呢？」

接著馬尾阿伯才跟我說，他小時候如何因為農藥中毒在田中央癱瘓的故事，於是我完全可以理解他說：「我討厭農藥！」這句話時的咬牙切齒，以及他為什麼想要讓自己的子女，包括 Hoke 在內，完完全全脫離農藥的心情。

同樣那句話，我在西拉雅另一個叫做「梅嶺」的角落又再次聽到，但這次說話的，是有著一張娃娃臉的許鴻文。

開滿梅花的「梅嶺」。

只要一談到青梅和螢火蟲這兩個話題，許鴻文眼睛就會發光，那種通常只有孩子才會有的閃耀光芒。因為在台灣眼睛發光的大人太少了，所以每當我在成人的臉上看到這樣的眼睛，總是忍不住拉長耳朵聽他接下來要說的話。

生長在梅嶺的許家，是祖傳三代的梅農，許鴻文從小就跟著父母上山採梅，回到家後又學著製梅、醃梅，就像西拉雅許多農家，出生就跟農事結下不解之緣。但是在梅園長大的許鴻文從小就發現自己對農藥過敏，曾經嚴重到必須送醫院，因此對於農藥一直非常反感。

「每當噴藥的季節到了，爸爸都會派我到果園去噴農藥，我就想辦法使出各種拖延戰術，拖拖拉拉，推說沒有蟲，還不用噴，其實蟲根本已經在吃梅子了，父親發現了當然就很生氣。」許鴻文笑著回想。

「因為我自己對農藥過敏，看很多老人家噴農藥，噴到中毒去醫院，我爺爺也因為重度噴灑農藥造成皮膚黑斑病變，附近農家嚴重的甚至直接躺在果園就中毒掛掉，然後我就想，以前沒有噴農藥的時候，梅子還是可以生這麼多啊，為什麼要噴那麼多農藥？所以就興起了改採有機農法來經營青梅果園的想法。」

就這樣，許鴻文開始種有機梅，把老爸氣到乾脆提早分家。

「因為我還有弟弟，爸爸看我堅持不灑農藥，就說不然乾脆土地提早分一分，讓你們兄弟自己去打算，可能是怕我發神經連累全家吧？」

分到土地以後，許鴻文貫徹他的理想，展開了不灑農藥，不噴開花劑、助果劑，也不施肥的有機農業。

但年紀輕輕又缺乏經驗的他完全沒料到，已經習慣了化學肥料跟農藥

我的感受卻跟二十多年前完全不同，
當時急於逃離的，現在卻連夜趕來。

的梅園，在斷然停止用藥的情況下，病蟲害會席捲而來，梅樹一口氣枯死了起碼三分之一，一片枯黃。許爸爸氣到不跟許鴻文講話，罵他敗家子，把好好的梅園弄成這樣子。

「最慘的時候，連工人都很難請，因為大家都說我果園毛毛蟲太多，做到全身發癢。」

結果那一年的收成，只剩下平常的十分之一。

父親不諒解已經夠慘了，經濟更因此陷入困境，因為收成差，一開始每年的淨收入還不到十萬元，還好弟弟願意向這位哥哥伸出援手。即使借錢過活，許鴻文還是固執地堅持有機路線，甚至開始四處奔走，央求梅嶺地方的果園主人們不要噴灑農藥和除草劑，讓螢火蟲能夠復育，當地農家議論紛紛，這個年輕人是不是中邪了。

許鴻文堅持用自然農法，讓土地恢復生命力。

連自己的父親許契都對兒子的做法不能諒解，「不能噴藥就會得病蟲害，不能施肥就沒營養，就跟人一樣啊！人生病難道不用吃藥嗎？肚子餓難道不吃飯嗎？這樣能活多久？樹也是一樣。」

「其實那時候心裡真的很掙扎，想說是不是放棄算了，回頭去用慣行農法，拯救凋萎的梅園，但我又很固執，想證明自己是對的，不希望自己的努力變成笑話一場。後來跑到中興大學去住了一個禮拜，拜師學習有機，這才終於了解正確的有機栽種方法，也才知道原來有機不只是停止施化肥、停灑農藥那麼簡單。」

轉做有機五年以後，熬過自然反撲的陣痛期，慢慢地，土地跟梅子樹才漸漸回復了旺盛的生命力，即使沒有做蟲害防治，也開始到達自然平衡，梅子產量也逐漸增加。

生產的問題慢慢解決，銷售的問題卻沒有。有機的梅子，價格沒有較高，因為「賣相」普遍不佳。即使許鴻文已經挑選最漂亮的梅子去市場賣，但是這些多多少少被蟲子咬過、或是受到病菌侵蝕的有機梅，難免在果實上留下傷口，傷口復原後就形成了疤，雖然不影響品質，在鮮果市場上，每一斤就比慣行農法種出來外表完美的梅子，少了五元、十元，即使如此還不見得賣得出去，滯銷的梅子還會因此腐爛，血本無歸。

無奈之下，許鴻文開始想變通的辦法，用天然方式去醃漬加工梅子，因為加工以後，果實的傷痕就不明顯，不但賣相變好了，而且可以分散在長達一年的時間內慢慢賣，增加銷售機會。

一開始只加鹽巴、砂糖來醃梅子，反覆實驗後，許鴻文發現如果光線好一點，醃漬的時間長一點，從四個月延長到半年，慢工出細活的梅子口感就會變得更Q、更好。這樣一來，許鴻文就可以繼續跟自然界的動物、植物分享他的梅園。

生命的脆弱，提醒我面臨抉擇的時候，
永遠選擇那個不會讓自己後悔的決定。

有機的梅子普遍賣相不佳，卻不會危害人類健康。

「我們農場的作物先給蟲吃、給鳥吃，牠們吃剩的才給人吃。」我想起同樣在西拉雅的有機咖啡農，「大鋤花間」的郭雅聰常說的話，也正是這個道理。

認識像是許鴻文、郭雅聰這種討厭農藥的農人，讓我相信一個具有未來性的農法，必須是能夠對地球友善、對農夫友善、對消費者友善的農法，而這樣的方式不但值得農夫嘗試，更值得消費者支持。

這樣的努力不僅是為了自己，更是在為人類的未來尋找出路。

二〇一七年二月中，許鴻文在部落格上傳梅園的照片，表達對於地球暖化、氣候變遷的憂慮，「氣候異常，原本該一月初開的梅花到現在二月中了還在開，而早花品種的梅花都這麼大顆了，到時候怎麼採……」在簡單的文字當中，可以看到他透過梅園，對環境跟氣候變遷的關注。

在這之前幾年，也曾經因為氣候異常乾旱，梅子提早成熟，逼得許鴻文不得不只好趕工採收。環境變遷造成的氣候異常，讓農家幾乎每年都得面對不同狀況而疲於奔命，雖然可以說是一個獨立小農的私家小事，放大來說卻也是一整個地球的事。

「謝謝你討厭農藥。」我心裡對跟我年紀差不多的許鴻文這麼說。

台灣的木村秋則

許鴻文的故事讓我想到木村爺爺。我在西拉雅認識的幾位有機小農，忍不住讓我想稱呼他們一聲「台灣的木村秋則」。

如果不知道木村秋則的話，請容我說明一下。

人稱木村阿公的日本蘋果農夫木村秋則，就像許鴻文家世代在梅嶺種梅子一樣，生長在世代種蘋果的日本青森縣，在附近蘋果農都使用慣行農法的環境，接手了家裡的蘋果園。在眾人看衰的巨大壓力下，經過近八年無任何產出的煎熬與努力，帶著妻子跟兩個還年幼的孩子，以無肥料、無農藥的「自然農法」在二點五甲土地上種植將近六百株蘋果樹。

一開始，木村阿公的蘋果比許鴻文的梅子還慘，不只是產量低，而是根本連續三年連花都沒有開，更別說結果。固執的木村阿公沒有蘋果可賣，只能到處去打零工貼補家用，到了第四年，家裡經濟實在快撐不下去時，木村阿公流著眼淚跟妻女說：「我真的無法再支撐下去了！」可是這時候，他的家人卻說：「現在放棄的話，前面幾年的辛苦又是為什麼，拜託你繼續堅持下去！」

就這樣過了第五年、第六年、第七年，中間甚至一度想去深山自殺。結果到了山上，發現山上的青剛櫟樹結實纍纍，樹下有厚厚的落葉，受到啟發，於是拋下輕生的念頭，回來學習「深山樹林」。

到了第八年，又到了蘋果花開的季節，木村阿公的蘋果樹終於開花了！從此，充滿生命力的有機蘋果年年生長。木村阿公是背負著天然稀釋醋，步行噴灑，用天然稀釋醋幫蘋果「洗澡」的方式來有效防止病菌。木村阿公堅持不開噴灑車的原因，是怕噴灑車太重，在蘋果園裡開來開去，對土壤是很大的傷害，但是人的腳步對土地是溫柔的。用生命種植出來的蘋果，自然有生命力，長期貯放也不會腐爛，美好的滋味被忠實的擁護者認為是「奇蹟的蘋果」，將近三十年來，受歡迎的程度，每年都是網路一開賣，十分鐘就搶購一空。

許鴻文希望用土地的力量讓果樹自然生長。

許鴻文的故事，似乎是木村阿公的翻版，毅然停止使用農藥的第一年，梅子產量少掉九成，直到第五年才恢復到一半的產量，讓家人全然無法諒解。這中間幾乎無米斷炊，也曾經意志動搖過，但是只要一想到日治時代，梅嶺的農人使用無農藥栽培，梅子也曾經茂盛不已的事實，他相信只要堅持下去，是可能做到的，靠著這樣的巨大信念才走過艱難的過渡期。

「對我們來說，木村先生等待的八年，始終在安慰著我們。」我曾經不止一次聽到有機小農們這麼說。

在這些有機農人的眼中，我看到了光亮，後來我知道，這不是孩子的純真，而是對土地巨大的愛。

許鴻文相信除了讓果樹能發揮自己與生俱來的力量在大自然裡生長，還有周圍的環境，從野花、野草，到蜘蛛、蜥蜴、蛇、鳥、蝸牛，還有曾經滿山遍谷，但是因為農藥而消失的螢火蟲，也都有權利在大自然中擁有自己的空間。

因為這樣，許鴻文只要發現螢火蟲棲息地，就去找地主問：「你這邊螢火蟲很多，我們可不可以把土地保護下來，不要噴除草劑？」

「結果呢？」我問。

「那個地主罵我說肖仔，我割草請人家去割這麼一大片，要花幾萬元，不然你來幫我割好了。」許鴻文說著自己也笑了起來。

最不可思議的是，他真的就去幫地主除草。

在這些有機農人的眼中，我看到了光亮，
後來我知道，這不是孩子的純真，而是對土地巨大的愛。

「漸漸地，梅嶺的螢火蟲變多了，現在每年螢火蟲進入大發生期，整片梅園就螢光閃閃，因為牠有時候會停在梅子樹上，你看起來感覺像梅子樹在發光，就有人說那是發光的梅子。」

在西拉雅的山林間，發光的還不只是梅子樹上的螢火蟲，還有雨後竹林裡的螢光蕈，以及有機小農發亮的眼睛。

不想計算太深、不想白活的人生

我時常在想，自己是從什麼時候開始，不僅是對於「食安」問題，對於整體「環境」問題也非常在意。

或許小時候曾經農藥中毒癱瘓的馬尾阿伯，還有對農藥過敏的許鴻文，他們的故事，對我來說，除了理智上的認同，還有著情感上的連結。

台灣的重工業、燃煤電廠多集中於中南部地區，而我自己，從小就是在這其中的煉油廠裡長大的。煉油廠與發電廠、焚化爐、石化廠、半導體廠，加上燃油交通工具，共同產生世界衛生組織公布的一級致癌物——細懸浮微粒（PM2.5），自幼我整個童年就在這樣的高危險環境中，每天二十四小時不間斷大量吸入細懸浮微粒（PM2.5）中成長，我們的社區民眾罹癌率也明顯高出平均，卻是個街坊之間不能說的禁忌話題。

長大以後我雖然離開這個社區，在國外的NGO組織工作，但仍選擇繼續參與社區的公民團體運動，身體力行環保生活，某一種層面來說，也是為我父母那一代的無知行動贖罪。二〇一七年二月十九日，台中、高雄同步舉辦的反空汙遊行，我所參與的「油廠社區文化生態保存協會」也加入南部公民團體響應遊行。

「我們血液裡面的重金屬跟致癌物質，已經不會代謝掉了，想要逃過癌症的魔掌搞不好已經太遲，上街頭又有什麼用呢？」當有社區老一輩的民眾提出這樣的質疑時，我們的夥伴許經緯，只是用理所當然的語氣，理直氣壯回了一句：「我們這麼做不是為了自己，是為了下一代。」

或許正是如此，我們對於西拉雅有機小農的心情，特別能夠理解。

因為有機梅子賣相不佳，價格太低，許鴻文才開始研究做醃漬的梅子，而醃漬雖然可以蓋住果皮的瑕疵，但是有機的梅果比較小顆，跟慣行農法種出來又大又美的果實比起來，仍然差一大截。於是他在梅嶺構想更不受外形限制的產品，最後有了現在的梅精跟梅醋。

梅醋就像其他果醋一樣，比較容易想像，做法是把成熟的有機梅洗淨後靜置，熟透以後再加入冰糖、麥芽讓其發酵，最後加入以熟米釀造的陳年醋並靜置一年熟成。

至於梅精，用的是七分熟的青梅，手採後壓碎去籽，再榨出果汁，取沙鍋倒入青梅果汁，加一點鹽巴再用小火熬煮。熬煮梅汁這個過程是成敗的關鍵，全程需要不斷攪拌，一開始用小馬達，煮到黏稠後換大馬達，因為鍋底靠火比較近的梅汁溫度比表面高，越黏稠，攪拌速度就必須越快，溫度才能均勻，也才能避免燒焦，溫度必須控管得宜，一旦超過一百一十度就會破壞有機酸。就這樣熬煮三天三夜到濃稠，就是所謂的梅精，每一公斤的青梅，最後只能提煉出二十公克非常酸的梅精。

許鴻文總是把「梅精好壞，全看溫度。」這句話掛在嘴上，因為太重要了，所以熬汁這個步驟許鴻文一定親自動手，連廚房也只有他能進去。到現在，無論是家人還是員工，大家已經習慣許鴻文的「龜毛」了。

想要付出，所以不想計算太深；
想要做自己，不想要白活的人生。

我用許鴻文教我的方式編蚱蜢。

有機梅子果肉雖然小，卻可以變成極度濃縮的高品質梅精。我自己並不懂得梅精的好處，但是我確實有不少日本朋友，對於強鹼性的梅精趨之若鶩。因為許鴻文的青梅精有機酸達到五十八點六度，這些年來在台灣跟日本都累積了不少忠實的擁護者。

我記得許鴻文在一次採訪中這麼說：「有一些堅持，就是要用一個傻子的心態去做啦，因為你如果要用很聰明的心態去做的話，你會計算得很深，所以當你計算很深的時候，你可能會付出不下去。」

「還好有機梅子做出了成果，你當時有沒有想過萬一完全失敗怎麼辦？」我記得在紫牡丹盛開的時候，有一天我跟許鴻文走在梅嶺古道一路上山時，忍不住問他。

「當然有。」他說。

「就算失敗也不後悔嗎？」我問。

「就算理想沒有實現，但至少我做了自己，覺得這輩子沒有白活。」許鴻文隨手摘了一片椰子葉，編了一隻活靈活現的蚱蜢，認真做完之後隨手放在長滿青苔、落英繽紛的古道石階上，就繼續輕快地拾級而上，對於自己努力做到完美的成品，沒有一點留戀。我摸摸手臂，不知什麼時候，已經感動到起了雞皮疙瘩。

台灣的木村先生，梅嶺上的許鴻文。我想，台灣需要更多不知道什麼叫做「慣行農法」的年輕人。

想要付出，所以不想計算太深；想要做自己，不想要白活的人生，這是西拉雅的有機小農教我的自然課。

本課商家資訊

梅塢天然有機梅園：從小在梅園長大的有機農夫，帶著「我討厭農藥！」這句話生活，儼然台灣的木村秋則，終於種出奇蹟般的有機青梅。

梅塢天然有機梅園
地址：台南市楠西區梅嶺 32 號
電話：0927-771-539

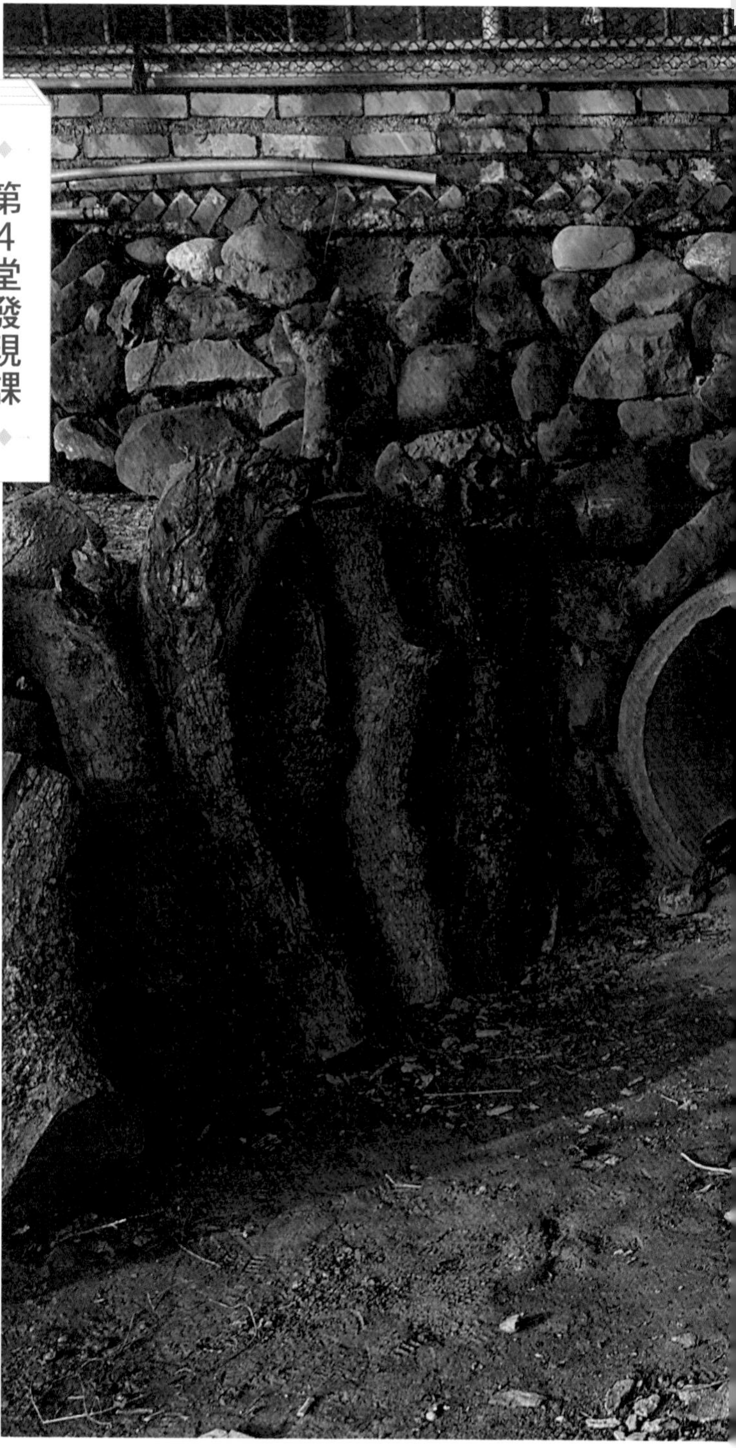

第4堂發現課

「窯文化」的慢食朝聖之旅

夏日芒果釀與冬夜的燻羊肉

「現在我來加一匙祕密武器！」

冰店的老闆娘看到我來，神祕兮兮地差遣老闆回家裡的冰箱去拿來一個小甕，然後像孩子炫耀新玩具般，興奮地用特殊的長湯匙，在我的芒果冰上，加了一瓢看起來像是果醬的東西，裡面還有切碎的果肉。

我迫不及待用湯匙尖端舀起一點放在舌尖上，芒果濃縮的酸甜香味在舌尖上化開，同時還有一股柴燒的獨特氣味，美味極了。

「這是我們自己熬的芒果果釀。」老闆娘看到我陶醉的表情，得意地說，「這可是完熟的芒果，花兩、三天時間在龍眼柴火上慢慢燻成芒果乾，剪成碎片以後放進糖水裡熬，在龍眼柴上熬煮三天三夜，才能做出來的好東西！」

那一刻，我覺得好像人在福建武夷山，愛茶的人把自己珍藏的好茶拿出來跟行家同好「鬥茶」。

不同的是，始創於宋代福建建安北苑地區一帶民間的鬥茶，是在當時最享盛名的產茶區，為了選出每年進貢朝廷的上品「貢茶」出現的比賽；而玉井人的「鬥芒果」在台灣最負盛名的產芒果區，中正路老街上三間永遠是人擠人的芒果冰店，各家無不使出渾身解數。

我在「有間冰鋪」吃的「招牌芒果無雙」，剉冰本身是芒果冰磚做的，裡面有一半以上的土芒果汁，為了凝結後的口感，加入適當比例的凱特、黑香等不同品種的芒果汁；剉冰上面鋪滿適當比例的新鮮土芒果、愛文芒果切片，上面澆一層芒果醬，然後再鋪上一層自家春天醃漬的芒果青，還有一球芒果冰淇淋，最上面才是這一瓢讓老闆娘自豪的芒果果釀。

古人參加鬥茶，不只比茶，也比水，比茶具，從茶中覓趣，從茶中尋樂，以輪流沏泡品嚐的方式評茶，跟玉井自成一格的芒果大戰，有異曲同工之妙。

只有台灣芒果乾可以還原成鮮果

認識我的人，幾乎沒有不知道我對芒果的痴迷。說痴迷一點不為過，因為我出門到沒有出產芒果的地方工作、旅行時，我的手提行李當中，總會有一、兩包來自芒果盛產地玉井的芒果乾。

從同樣為芒果著迷的日本朋友那裡學習到一個奇妙的吃法，用無糖優酪乳將無糖芒果乾浸泡一個晚上以後，無論是芒果青還是完熟的芒果乾，都會吸收優酪乳膨脹，「還原」成為非常接近鮮果的狀態。

「只有台灣的芒果乾才可以喔！」我的日本朋友還如此耳提面命。

一開始我不相信，用泰國、菲律賓的芒果乾來嘗試，但是的確都會變得非常難吃，一點都不像芒果新鮮時候會有的味道。後來我才知道，因為只有台灣販售的芒果乾，才有無糖、在欉紅、沒有添加人工色素、香料、防腐劑的天然選擇，也只有這種的乾燥水果，有辦法神奇地「還原」。其他賣相優於台灣產品的加工品一經浸泡，不是變成一鍋鮮黃色的湯汁，就是原形畢露，變得軟爛難以下嚥。

在西拉雅的山林間，發光的還不只是梅子樹上的螢火蟲，
還有有機小農發亮的眼睛。

「有間冰舖」的「招牌芒果無雙」。

「有間冰舖」以純正的芒果冰磚聞名。

也是從這樣的經驗比較之後，我對於來自台灣的農產品變得非常自豪。然而許多人並不知道，出產愛文芒果鼎鼎有名的台南玉井，其實在西拉雅國家風景區裡面，所以玉井芒果，就是西拉雅芒果。

我之所以認識老闆簡瑞男與張秀玲夫妻，也是因為對芒果的愛。因為他們對於自家的芒果剉冰充滿自信，無法忍受在沒有生產芒果的季節，使用口感、香氣都已經變差的冷凍芒果來製作，所以透過認識的朋友跟在緬甸鄉間進行ＮＧＯ工作的我聯繫上，想知道芒果在緬甸的產季、品種、口感、香氣，說不定台灣沒有芒果生產的時候，可以直接從緬甸進口新鮮芒果來補充、替代。我也很認真地將一些緬甸芒果農家的聯絡方式，收集後交給老闆夫婦，有時候，我們也會透過網路，針對緬甸、泰國等東南亞不同品種芒果的口味跟最適合的加工方法進行討論。

老闆夫婦甚至認真計畫著要到東南亞巡迴拜訪芒果果園，他們對芒果近乎痴狂的愛，讓我們瞬間拉近了距離，所以當老闆拿出「祕密武器」時，我一點也不懷疑這是「鬥芒果」的極品。

我們討論的範圍，當然也包括了芒果青。

我們甚至認真計畫晚春做芒果青的季節，要邀集一群芒果同好，組團到玉井，到老闆娘家中的芒果園親自去採果，然後當場一起削皮、殺青、醃漬出全世界最棒的情人果。

就像用各種品種的芒果，嘗試用不同的比例製作芒果冰磚，老闆一家人也向芒果青只能用土芒果製作的觀念挑戰，開始進行用「疏果」後的愛文落果來進行實驗，是否能夠製作出跟土芒果一樣好的香氣。

對果農來說，疏果作業必須狠下心來，該剪則剪，疏成「一穗一果」，雖然數量變少，卻能讓果實長得肥美碩大。芒果的疏果作業，必須在幼果期進行，也就是在落果後，在果實外觀足以判別「正常果」或「單偽果」時進行作業。以愛文來說，芒果的長度約三至五公分時，就是疏果的時候，選留在果穗中央的一顆果實，其他的果實必須摘除，在過去這些疏果時摘除的小芒果，只能當作垃圾丟棄，「說不定這些小芒果，也可以廢物利用，拿來做成芒果青呢？」

就這樣，今年第一次，簡老闆夫婦大膽地聘了人工，用疏果來製作愛文芒果青，並且研究要怎麼樣改變製作過程，才能讓愛文芒果的清香氣提高。

但簡老闆夫婦並不知道，這種用龍眼柴燻製芒果乾、熬製芒果釀的技術，其實並不是他們「家傳」的做法，實際上，我看到的是西拉雅地區「窯文化」當中的一環。接觸西拉雅越久，才意識到西拉雅是圍繞著「窯」生活的，根據進駐西拉雅的社造團體統計，光是以「東原里」為中心的淺山地域的核心地帶，就能找到八、九種不同型態的窯。所以從西拉雅北境一路向南，關子嶺的柴燒甕缸雞、東山的柴燻龍眼乾、玉井的柴燒芒果乾，一直到南境新化的柴燒燻羊肉，其實都一脈相承了西拉雅的窯文化，只是在地人世世代代生活在其中，因為太明顯，所以反而看不清。

玉井不只是產芒果有名的產地，而是西拉雅柴燒窯文化一個重要的環節。我在「有間冰舖」，不只吃到了超級美味的芒果刨冰，還體察了重要的文化經驗。

台南玉井，其實在西拉雅國家風景區裡面，
所以玉井芒果，就是西拉雅芒果。

等待一天一夜的慢料理

因為柴燒芒果乾，意外說起了柴燒燻羊肉以後，我們當場幾個在玉井吃芒果刨冰的朋友，立刻興致勃勃想要即刻前往。但是當我告訴他們，即使現在立刻手刀前往，也得等一天一夜才能吃時，無異當頭澆了一盆冷水。

「這才是真正的『慢生活』，不是嗎？」我笑著說，「要不然去麥當勞得來速就行了。」

王錦泰跟他的妻子經營的王家燻羊肉，不像連鎖便利商店的冷凍微波食品那樣想吃隨時能吃。我向朋友們說明，自家放養兩年左右的山羊，仔細屠宰切塊處理後，連皮帶骨的羊肉均勻地放入甕裡，加入一大盤竹篩子上堆得像小山般一、二十種大量中藥材，從當歸、枸杞、紅棗、甘草，到桂枝、肉桂，鋪放在羊肉上面。接著是二十只玻璃瓶的紅標米酒，一瓶接著一瓶，咕嚕咕嚕倒進已經放滿了羊肉跟中藥材的甕裡，一滴水也不加，然後用濕黏土完整地將甕密封，覆上厚厚的粗糠開始煙燻。整整一天一夜，每兩小時要添加一次粗糠，不分日夜悉心照顧這一個封埋在粗糠底下的甕，就算半夜也不例外，整整二十四個小時以後才能挖出甕來享用，絲毫馬虎不得。

聽完了這過程的朋友，無不肅然起敬。

我們忍不住討論起義大利人卡爾洛．佩特里尼提出的慢食運動（Slow Food），一開始的目的是對抗日益盛行的速食業快餐，所以提倡維持「單一生態區」的飲食文化，使用的食材都以「地產地銷」為原則。亦是慢生活運動，如今，慢食運動已發展到全球一百二十二個國家，有超過八萬三千名會員。

接觸西拉雅越久，
才意識到西拉雅是圍繞著「窯」生活的。

一滴水也不加，加入二十瓶紅標米酒。

當我們願意以不疾不徐的速度養殖、種植、烹飪和食用食物的時候，我們從食物當中，將獲得更多快樂和健康。

現代的有機農業風潮，地產地銷的低碳足印市場，顯示現代人們想從工業化的生活方式中逃離出來，透過食物的準備、烹飪和享用的過程中，放慢腳步。從「慢食運動」中產生了被稱之為「慢活城市」的運動，從義大利開始，傳遞到歐洲和世界上其他地方。我們都沒想到，西拉雅的傳統土窯文化，孕育出當之無愧的慢食，無論走到哪裡，全身帶著揮之不去燻羊肉氣味的王錦泰夫婦倆，或許這輩子從來沒聽過義大利的慢食運動，但他們確實站在這股風潮之上。

「我們去朝聖一趟吧！」朋友中有人建議，所有人都舉雙手贊成。

那一瞬間，我們從原本只是想要吃一頓飯，變成了意義非凡的慢食朝聖之旅。身為帶路人的我，突然覺得光榮而感動。

雖然已經事先知道了製作流程，但是當王錦泰倒完二十瓶米酒，看著酒的高度剛好淹過食材，開始熟練地用手指握著濕黏土，緊密地封甕時，大家還是對眼前的景象充滿了驚奇，彷彿目睹幾百年的時空穿越。

說是穿越時空，並不為過，因為除了這年頭，很少人願意為了吃而這麼費事之外，這門在地過冬傳統「燻補」的燻羊肉技術，的確在西拉雅曾經一度失傳。

「我長大以後，每年冬天不知為何一年比一年更加懷念阿嬤在小時候做的燻羊肉。但是那時候阿嬤已經去世多年，我只好到街坊鄰居問來問去，以前家家戶戶的老人家都會做的，老人家凋零以後，我問遍所有人，竟然沒有一家能說得出做法。」從小家裡養羊當副業的王大哥，回溯當時努力想把這門失傳的味道找回來的辛苦過程。

用童年的記憶追溯起來，燻羊肉似乎很簡單，無非把新鮮的生羊肉跟配料放在甕裡面，用粗糠覆蓋起來燻上一日一夜，不就是把焢土窯的番薯換成一甕羊肉嗎？實際上，王錦泰夫婦經歷過無數次的失敗，以及重重的困難。原本回西拉雅前，在自來水公司每個月安穩領個六、七萬元公務員薪水的他，為了找回阿嬤的味道，反覆試錯，不只花了兩夫妻一整年的時間，甚至到了王錦泰的妻子勸他放棄的地步。

羊要用幾歲的才叫做剛好？
米酒要加多少？要不要兌水稀釋？
中藥材裡到底有哪些成分？
多久要添加一次粗糠？
一共要燻多久才能出爐？

當我們願意以不疾不徐的速度養殖、種植、烹飪和食用食物的時候，
我們從食物當中，將獲得更多快樂和健康。

「我們再這樣試下去，就要破產了……」向來支持他一切決定的妻子，也忍不住這樣說。

「當時我們真的是絞盡腦汁、用盡了各種方法，挖土坑、堆磚頭、鋪稻草，要用各式各樣的排列組合來嘗試，但無論怎麼試，就是跟阿嬤當年燻羊肉的味道不一樣。肉質不是太苦，就是太乾，要不太硬，就是太爛，不然就是灰燼跑進甕裡，或羊皮黏著土，根本不能吃……」王老闆一面回顧當年的辛苦，一面若有所感地看著在濃煙中任勞任怨生柴火的妻子。「可是我不甘心就這樣放棄。」

解決粗糠燃燒速度太快的問題，是一個重要的突破。因為米糠很容易著火燃燒起來，火一下太大，就會讓甕裡的羊肉燒焦、變苦，是破壞風味很重要的敗因。

王家燻羊肉 製作過程

1 將自家放養兩年的山羊，仔細屠宰切塊處理。

2 將連皮帶骨的羊肉均勻放入甕裡，加入二十種大量中藥材，鋪放在羊肉上。

3 一滴水也不加，倒入二十只玻璃瓶的紅標米酒。

4 用濕黏土將甕密封，覆上厚厚的粗糠開始煙燻。

5 每兩小時要添加一次粗糠，就算半夜也不例外，等待二十四小時後才能享用。

6 經過一日一夜的盼望，所有人都成了名副其實的「餓虎撲羊」。

但是解決這個大問題以後，還有最後一個更加棘手的問題，那就是甕在燻烤的過程會破裂。終於，在最黑暗、眼看要撐不過去的時候，他們找到了問題的關鍵：甕的厚度。

西拉雅有生產竹筍的傳統，每年採收筍子的季節，家家戶戶都會把吃不完的筍子，放在院子中的大甕裡醃漬成醬筍，終年都有得吃。從小到大做醬筍、吃醬筍料理的王錦泰，理所當然地認為燻羊肉的就是這種傳統的甕，他卻很吃驚地發現，醃漬麻竹筍用的甕，厚度並不適合拿來燻烤，而且不耐高溫，反覆使用以後就會有細的裂紋，煙跟灰就會隨著裂縫進入甕裡。所以不能用製作醬筍的甕，必須要特製更厚的甕才行。

而王家燻羊肉現在使用的羊，都是自家在草山月世界放野的山羊，平均一歲半到兩歲半，目前養了大約六十至七十頭。

原來是經歷了那麼多挫折，這也難怪我們剛到的時候，王錦泰先小人後君子地問了我們一個奇怪的問題：

「你們這群人中，有沒有誰是羊肉料理的同業？」

我們不過是一群貪吃的人啊！一開始我為這個唐突的問題覺得匪夷所思，甚至覺得開場白就先問客人這個問題，未免也太不友善。但自從知道了王錦泰夫婦倆，原來是用盡他們擁有的一切，才找回阿嬤當年的燻羊肉滋味時，我突然理解這件事在他們心目中的重要性。

「明天這時候才能吃，那我們今天吃什麼？」友人盯著從粗糠中徐緩冒出來的煙，用煙的溫度而不是火，一點一點慢慢燻著甕，美味要用火候跟時間來換，但是眼前的飢腸轆轆怎麼辦？

要倒入多少粗糠，控制火候大小與速度相當重要。

耗時二十四小時的燻羊肉，濃縮酒、藥材等所有精華。

幸運的是從端午到雙十，都是西拉雅盛產綠竹筍或麻竹筍的時候，王錦泰家旁邊四周就是被竹林圍繞著，所以我們一人拿著一把鐮刀，跟著王大嫂走進竹林裡面去砍竹筍。年紀還幼小的小山羊，也不知人間險惡，圍著這群餓鬼跟前跟後，希望牠們小小的羊頭上，沒有感覺不時被這些貪饞的人類的口水滴到。

又嫩又鮮甜的綠竹筍，帶回廚房一一各就各位，清炒，涼拌，熬排骨，蒸飯，加肉絲炒筍醬……王大嫂在比排球場還要巨大的廚房，不一會兒就變出一桌讓人垂涎三尺的在地農家菜——當然，也是用古老的大灶、跟口徑比井口還大的老炒鍋變出來的。我們在旁邊一面幫忙，一面見習，像是一場時光隧道回到五〇年代台灣的料理教室。

至於燻羊肉呢？是二十四小時以後的事兒，再心急也沒用。

經過了一日一夜的引頸盼望，終於在熱騰騰的灰燼當中把甕挖出來，這道千呼萬喚始出來的燻羊肉上桌，所有人根本是名副其實的「餓虎撲羊」。這一甕整整花二十四小時照顧才成功的燻羊肉，沒十幾分鐘就一滴不剩，就像那二十瓶收乾的米酒。如果說大夥兒還有什麼不滿足的地方，那就是當時怎麼沒想到交代要兩甕才夠。

西拉雅密技料理

即使平時滴酒不沾的我，也驚異於濃縮在羊肉中的酒香，卻絲毫沒有酒精的苦味。一面吃著的同時，我在腦海裡翻來覆去想著，這道菜很台灣、很西拉雅，顯然是在地傳統「窯文化」當中的一環，跟當地農家用窯柴燒龍眼乾，有著密不可分的關係。完成後，燻羊肉呈現深紅色澤，香濃四溢、入口即化。一面吃著，總讓我覺得這形式、這味道，跟我在世界某個角落曾經吃到的一種很美味的料理，有著異曲同工之妙。

正在苦惱時，身邊的美食作家韓良憶突然大聲宣布：「我知道了。Pot-au-feu，絕對是 Pot-au-feu……」我忍不住拍手叫好，可不是嗎？

Pot-au-feu 是法國舊時在鄉下，家家戶戶都還有煙囪的時代，放在火上的那一鍋湯，每一家都有不同的做法。大體上以用蔬菜及香草調味過的清湯熬上八到十小時之後，再將一盤牛肉倒入，用微火長時間慢燉即可。雖然具有鄉土氣息，但是因為製作時需要大量的肉，所以在舊時也算得上是一筆不小的開銷，跟王大哥的燻羊肉真可以說是異曲同工。

在法國鄉下，這道菜會先用胡蘿蔔、蕪菁、韭蔥、馬鈴薯、芹菜和洋蔥一起燉煮八到十個小時以後成為高湯，接著把帶肉的牛骨，牛頰、蹄膀、肩胛骨肉，番鴨或牛頸肉，牛尾或骨髓燉煮一、兩個小時，再放入芹菜、大蔥、小蘿蔔、韭蔥、茴香菜根，繼續熬煮至蔬菜熟透入味。香料的部分，則是用法國傳統菜市場有如台灣的滷包那樣，已經事先配好的法國香草束、月桂葉、百里香，加上食鹽、黑胡椒和丁香。偶爾也有像王大哥這樣用山羊的。

隔夜味道進入牛肉中，肉味濃郁，但是湯汁清爽，通常湯和肉會分開吃，冬天的夜晚喝起來滋味特別暖胃也暖心。

下回要具體跟慣常吃 Pot-au-feu 的法國老饕介紹這道密技料理時，我大概會說這是「Siraya style 24-hour rice-husk-smoked lamb pot-au-feu」，西拉雅風二十四小時粗糠慢燻羊肉甕，是隱藏版的台灣里山慢食，只有懂

崇尚慢生活的人，學習用寧靜對抗快節奏，
放慢腳步，強調生活節奏舒適、不急躁。

得沉著、慢活的人才能吃到。

至於這西拉雅版的 Pot-au-feu 究竟是什麼味道？我只能說，你什麼時候做好慢生活的準備，願意花上二十四小時好好等待一道慢食，你就可以擁有答案。

用慢食品嚐慢生活

對於總是尋求「隨要隨有，立即滿足」的現代城市人來說，必須花那麼多功夫才能一人吃到幾口夢幻中的西拉雅燻羊肉，還是一件讓人不可置信、美好的傻事。

「慢食」跟「慢生活」，肯定脫離不了關係，當現代人不知不覺地愛上六十秒保證送餐否則免費的「速食」文化，對於生活、學習、工作不斷加快腳步，只求利用更少的時間做更多的事，往往導致身心不平衡。在一切講求快的現代，崇尚慢生活的人，學習用寧靜對抗快節奏，放慢腳步，強調生活節奏舒適、不急躁。

慢生活的生活態度，之所以會開始被重視，跟加拿大一位新聞工作者卡爾・歐諾黑（Carl Honore）寫了一本就叫做《慢活》（In Praise of Slow）的暢銷書有關。他強調慢生活並不是將每件事牛步化，而是以「該快則快，能慢則慢」適切的速度過日子，也就是音樂家所謂正確的速度（tempo giusto）來生活，以個人為基準，選擇屬於自己的生活步調。日本的年輕人，也因此發展出所謂「my pace」的生活態度。

就像歐諾黑在TED演講中說的：

「我們現在所處的，就是一個沉溺於追求快速前進的世界。一個迷戀速度的世界，做每一件事情都追求更快，往越來越少的時間裡，填鴨進更多的東西……紐約一家健身館櫥窗上有一個新課程的廣告，是快速瑜伽的晚間課程，為超級沒時間的上班族們提供的最佳解決方案，想要練習瑜伽拜日式，但卻只想花二十分鐘……在每天匆匆忙忙的生活中，我們常常看不到這種競走式的生活方式帶來的傷害。我們已經在速食文化中浸淫得太深，以至於幾乎覺察不到它讓我們在生活方方面面所付出的代價。對我們的健康、飲食、工作、人際關係、環境以及生活的社區都產生了消極的影響。而有時候只要一聲警示來提醒我們正在匆忙地度過我們的生命，而不是真正有意義地過生活；提醒我們在過『快日子』，而不是在過『好日子』。」

用童年回憶追溯還原的王家燻羊肉，只有懂得慢活的人才吃得到。

許多人都說，如果你放慢節奏，就會被時代潮流拋棄，但就像歐諾黑說的，在這個世界上，也有一群人做著意想不到的事：在合適的時候放慢節奏，在減速的行動中，形成了所謂的國際慢活運動，一種「積極的慢」。自從接觸西拉雅的人事物一段時間之後，我已經漸漸能夠接受西拉雅從內而外的生活慢步調。

這是為什麼我時常跟朋友說，如果你只是要來西拉雅半日遊、一日遊，還不如別來，因為真正的好東西，你什麼都看不到、體驗不到、也吃不到。玉井「有間冰舖」的龍眼柴燒芒果果釀和新化王家的燻羊肉，用「慢食」教我品嚐「慢生活」的美好，也真正體會到西拉雅土地上的人們，是如何守住傳統、勇敢改變。

本課商家資訊

新化王家燻羊肉：從小牧羊的孩子，退休後一心只想找回失傳的阿嬤手藝，全家人以窯為中心生活，四周環繞的竹林，就是一座自給自足、與世無爭的食物森林。

新化王家燻羊肉
地址：台南市新化區大坑里 121 號
電話：06-594-1393

玉井芒果冰 有間冰舖
地址：台南市玉井區中正路 152 號
電話：06-574-2869

第5堂發現課

小確幸隨手可得，小日子卻要全力以赴

「小日子」就是「好日子」

我永遠忘不了我跟 Hoke 初次見面，他的自我介紹詞：

「……因為我從出生就在有機農業中，根本不知道什麼叫做『不是有機』的農業，什麼叫做慣行農法。」

他一面說，一面溫柔地摸著小青，小青的身體繞成兩圈纏在 Hoke 的手腕上。小青是一條青蛇。

Hoke 溫柔緩慢的說話方式，對一個穿著斑駁的卡其工作褲、腰間佩著沾滿泥土的柴刀，剛剛從農場砍柴下來的二十多歲年輕大男人來說，無疑是很強烈的對比。但奇妙的是，這話語傳遞在西拉雅的山間，就像身後這間開在山野間的咖啡館，一點都沒有違和感。

不只 Hoke，我聽過 Hoke 的母親施玲蘭、父親郭雅聰、姊姊，他們一家人說話都是同一個調調，溫軟徐緩，每一個心跳配一個字，好像這個世界上，沒有什麼叫做「時間」這種東西。

後來，我從 Hoke 的口中，還聽到了像這樣的句子：

「我昨天跟父親吵了好大一架。」

「公路坍方了。」

「父親突然中風了，現在在醫院。」

「陪我從小到大的老黃金獵犬 Ella，我世界上最好的朋友，今天去天上當小天使了。」

「我從樹上摔下來，躺了幾天，沒辦法及早回覆信息，真對不起。」

全部都是這種又慢又軟的語氣，跟驚心動魄的內容完全衝突。「難道這家人關起門來吵架的時候，都是這樣說話的嗎？」我在心裡打了好大一個問號，自己模擬著，也忍不住笑出來。這樣根本吵不起來吧。

但是當我聽到 Hoke 嘴裡說出：「……因為我從出生就在有機農業中，根本不知道什麼叫做慣行農法」時，我的手臂上當場起了雞皮疙瘩。

當時我剛在緬甸北部的山區，以國際 NGO 組織參與社區營造的方式，在貧脊的撣邦（緬甸邦聯的一個邦）推廣了十年的有機農業，深深體會有機同業的困難，所以聽到 Hoke 說的話，我心裡震撼極了。

「這一家人，到底需要多大的毅力跟堅持，才可以教養出一個二十多歲的農家子弟，理直氣壯地說他以為農業本來就是有機的，根本不知道什麼叫做灑農藥、或是施化學肥料？」

要不是 Hoke 一直要把小青推給我玩，我可能已經感動得哭出來了。

從花間集到西拉雅

Hoke 聽到我用「Hoke」這個名字稱呼他的時候，臉上閃過一絲羞赧。

「你怎麼知道我叫 Hoke？」

「你媽媽跟我說的。」我若無其事地說。「怎麼了嗎？」

「喔，沒事。」

其實他媽媽有告訴我，雖然家人都叫他 Hoke、Hoke，但是他並不喜歡這個名字，因為這是「福哥」的台語發音，二十幾歲的年輕帥哥被外人叫「福哥」，應該跟意氣風發的大麥町在路上被主人叫「麻糬」一樣，突然氣勢都弱了吧？

我開始明白，小確幸隨手可得，
但小日子卻要全力以赴，而且後無退路。

Hoke從小到大都待在有機農法的環境中，完全不知道什麼是慣行農法。

不過我們商量以後，Hoke告訴我如果用英文拼音，就不會顯得俗氣，所以我就放心用了。至於我身後這間開在山野間的咖啡館，叫做「大鋤花間」，在西拉雅當地是相當有名的店家。

店名會這麼文藝腔，是因為農場主人，也就是Hoke的父親郭雅聰，喜歡五代詞集《花間集》，所以「大鋤花間」的意象，就是拿著大鋤頭想過耕讀生活的婉約文人，以為會充滿衝突、但在眼前看著卻又如此和諧。

花間派起源於唐代溫庭筠，而繁榮於五代時後蜀，是一種由民間歌曲過渡到文人創作的中間形態，花間詞限於小令，五、六十字，沒有題目，只有調名。風格上溫柔婉轉，婉約含蓄，有的濃豔華美，但大多清新典雅、疏淡明麗。

郭雅聰是這個家裡第一個拿起鋤頭，耕耘了這一片「大鋤花間」的現代文人。Hoke 這個不知道除了有機農法外要如何務農的年輕人，則是第二代。

我知道郭雅聰這號人物，其實已經有段時間，因為他曾經到台南當地的社區大學講過咖啡農業產業，談他對有機咖啡產業的實踐與理念，一個如何讓咖啡樹與森林共生的故事。當場還帶自家的咖啡請在場的學員喝，結束的時候，他用跟 Hoke 一樣緩慢、溫柔的語氣說他的結語：「這就是我的咖啡，我的人生。」

當時聽著這幾個簡單的字，從一個紮著馬尾辮子的阿伯口中說出來，我也是突然感動到起雞皮疙瘩。

還有一次颱風過後，西拉雅的小農們都蒙受了很大的損失，政府有提出讓小農申請賠償補貼的方案，我問馬尾阿伯他有沒有申請，他只是輕輕

在咖啡館亮麗光鮮的門面後，除了聽故事之外，
我反而更想親眼看到這些有故事的咖啡園。

地搖搖頭：「補貼讓真正有需要的人去申請吧！我們不需要。」

看到我有些茫然的表情，馬尾阿伯接著說：

「務農本來就是靠天吃飯的行業，遇到天災也是沒辦法的事，不是嗎？人生並不是用聲音或文字就可輕易表達的，農業也不是用金錢可以衡量的。你看王禎和寫《嫁妝一牛車》，扉頁引述美國作家亨利・詹姆斯的一句話說得多好：『生命裡總也有甚至舒伯特都會無言以對的時候……。』即使像天才的音樂家、文學家在最窘困的時刻，面對人生特殊的處境，也有無法用語言表達的時候，小說只寫生命過程中某一段『處境』，農作物遇到颱風蒙受損失，這也是一種過程、一段『處境』罷了，何必那麼在意呢？」

然後，我就又起雞皮疙瘩了。

這家人講話究竟是怎麼回事？

郭雅聰說：「這就是我的咖啡，我的人生。」

罪魁禍首是那個馬尾阿伯

Hoke的父親郭雅聰，對，就是那個綁馬尾的阿伯，雖然是西拉雅地區內鼎鼎有名的咖啡農場跟咖啡館的主人，但他並不是西拉雅族人，甚至不是西拉雅在地的漢人；實際上，他是在「島內移民」以及「文青」這兩個詞都還沒有開始盛行以前，從台北結束了出版社的業務，移民到西拉雅來務農的先行者。

從郭雅聰在西拉雅種下第一株咖啡樹到現在，已經過了二十多年的時間，所以Hoke當然可以算是在西拉雅出生、長大的西拉雅人。

郭雅聰之所以會知道西拉雅這個地方，是因為他當年大學重考第二次的時候，為了專心念書，所以一個人從屏東崁頂的老家離開，想要找一個山中清靜的地方苦讀，懸梁刺骨一番，結果就找到了東山的一座寺廟，叫做「仙公廟」。

完成學業、結婚後，和妻子在同家出版社工作，還出過不少暢銷作品。雖然人在出版業，畢竟還是商人，生活在繁華的大都市，每天拖著疲累的身體，在台北擁擠的人車當中生存，對於現實充滿無奈，每當這個時候，郭雅聰心裡一直住著的文青就會跳出來，提醒他十九歲那一年在西拉雅山中，文人隱士般的山居歲月。

那種想要掙脫現實擺布，融入群山的念頭，越來越強烈，終於到一九九一年，離開正飛黃騰達的出版事業，暫別妻兒，一個人回到當年仙公廟的後山落腳。妻子原本以為，文青這種病下田工作就會好，不用兩年，肯定受不了山中的苦日子，回到都市生活。

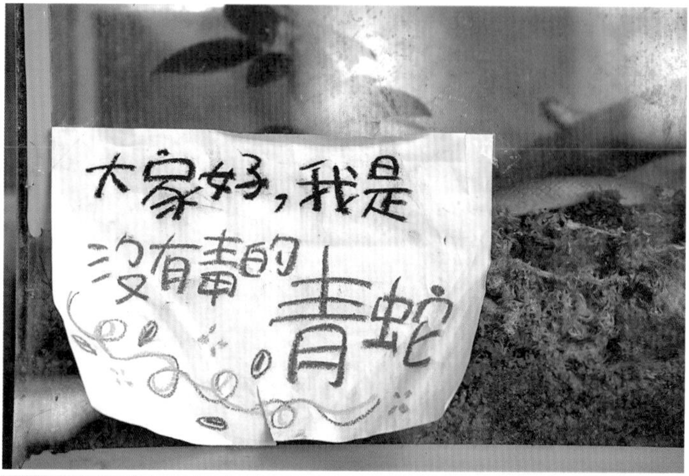

大鋤花間裡的青蛇——小青。

老闆郭雅聰與老闆娘施玲蘭和客人們在大鋤花間。

不過，她沒想到郭雅聰真的放下筆桿，開始拿起鋤頭在那塊地上種有機木瓜、薑、梅子，在大樹上蓋樹屋，從此以後過著自耕自食、深居簡出的日子，自己種的莊稼就在仙公廟前面擺地攤賣。

施玲蘭看到丈夫意志堅定，也就支持郭雅聰的夢想，南遷到西拉雅全家團聚，當時在台北的明星學校念小二的孩子，也一起轉到山中的迷你小學就讀。

除了耕種、擺攤，這家人也養過野放的豬，可是重達兩百多斤的放山豬，要捕捉的時候可不會乖乖就擒，面對力大無窮的豬，父子倆只能智取合力制伏，好不容易滿身大汗制伏了，還要自己宰殺，然後在自家門口販售。沒想到，在荒山野嶺賣豬肉，竟然造成轟動，供不應求，如果不預約還真買不到。為了生活不得不當起屠夫，畢竟不是島內移民西拉雅的初衷。就在這同時，郭雅聰發現當地滿山都是日治時代遺留下來的咖啡樹，時間久了就變成野生咖啡林，在森林裡自生自滅，他於是一棵一棵挖回家移植當作綠籬，也因此開始了復育東山咖啡的契機，就在家裡開了第一家個性化的咖啡店。

在農法方面，郭雅聰自然選擇了尊重生態、不破壞山林的有機栽培方式，選擇有機農法並不是因為「文青病」，而是因為小時候郭雅聰在幫家裡務農的時候，曾經嚴重農藥中毒，發現自己對化學農藥過敏，所以很自然地選擇了這樣的耕種方式。

當然，現實生活並不是童話故事，Hoke 一家人並不是從此過著無憂無慮的生活，有機農業的摸索幾乎讓他們血本無歸，而且屋漏偏逢連夜雨，他們發現這塊安家立命的土地，竟然是「國有林地」，被檢舉侵占國有林地。因此必須搬遷另起爐灶，買了一塊人家賣了十年賣不出去的七分

每一顆龍眼，每一粒咖啡櫻桃，每一顆青梅，
每一朵龍眼花，每一顆芒果，每一滴汗水，都是真的。

地，二〇〇三年從頭一鋤、一鋤開山整地開始，但即使如此，這一家人卻從來沒有離開西拉雅。

那賣不出去的七分地，就是今天依陡峭山勢而建，以木板架起雙層小樓的「大鋤花間」咖啡館所在地。在這海拔五百公尺的無尾坑山上，雲霧繚繞，天氣晴朗的時候，俯瞰下去一望無際，前方視線遠達布袋外海，當年帶著郭雅聰來西拉雅的仙公廟，就在左方山腰遙遙相望，從右到左可以從雲林六輕工業區一直看到高雄興達

港。不知道什麼時候開始，這裡變成了台南地方文青們，會特別上山來看夕陽的祕境，端著一杯自家農場生產的有機咖啡，看著夕陽西下之後華燈初上，好像嘉南平原也灑滿了星星，如今到假日傍晚根本一位難求。

Hoke學校畢業以後，也帶著更符合年輕人的想法回來，不只在菜單上增加了用自家農場摘採的有機野菜烹調的蔬食義大利冷麵，也讓咖啡館加入「台灣野望國際自然影展」（WildViewTaiwan Film Festival

in association with Wildscreen）的播放，每年引進二十部世界頂尖的生態環境紀錄片，進行為期一年的巡迴播映，內容從物種、生命的興衰，至大環境的變遷；從一地的季節遞嬗，至億萬年波瀾壯闊的演化史，都和這一家人對生活與自然的態度不謀而合，於是「大鋤花間」變得更文青了。

公路到不了的地方

無論咖啡館經營得再怎麼有聲有色，在我的心目中，咖啡館就只是咖啡館。就算賣有機咖啡的咖啡館，還是咖啡館，全台灣多得很。在咖啡館亮麗光鮮的門面後，除了聽故事之外，我反而更想親眼看到這些有故事的咖啡園。

「我可以去看咖啡園嗎？」我終於鼓起勇氣，向郭雅聰提出這個要求。

他起先是稍微愣了一下，似乎對這個要求有點意外，隨即示意我待在原地，嘴上說：「你等一下，我馬上回來。」

接著就往上坡跑去，我還沒有意會過來的時候，這個綁著馬尾的痞子阿伯已經開著震天價響的農用貨車出現在我面前。

「上來吧。」郭雅聰指著車後的露天木床，還是用一貫溫柔平穩的聲音。我猶豫了一秒鐘，就跳上貨車後面，還沒等我抓穩，他就開始急速飆車。

「這人開車跟說話完全不一樣啊⋯⋯」我嚇得頭髮全都豎了起來，「到底哪一個才是真的郭雅聰呢？」

請別再用「一日遊」跟伴手禮，
來廉價消費台灣這塊土地，侮辱台灣美好的生活方式。

就這樣，我們往咖啡館稜線後面的大小獅嶺上坡奔去，兩邊的路越來越狹窄，坡度也越來越陡峭，本來就像要解體的貨車零件，配合著在車底板的鐮刀跳動聲，還有為了爬陡坡催到底的油門，根本震耳欲聾，跟上一刻鐘安靜悠閒、眺望遠山的文青咖啡館，簡直是天差地別。

再加上必須在產業道路上閃躲兩旁不斷打在臉上的濃密樹枝，還有寬度跟車輪剛好一樣的驚險「之」字形髮夾彎，方向盤需要先轉一半，手煞車拉到底，往深深的山谷倒車，然後在輪胎還沒有掉到路外面之前，油門踩到底，車子發出一陣熱焦味，再放煞車一衝而上。這樣連續幾次後到了車路的盡頭，路沒有了，再也上不去了，我們也就到了。

「我們到了喔。」郭雅聰關掉引擎，從駕駛座走下來，若無其事地用溫柔緩慢的聲音微笑著對我說：「還好嗎？」

我差點連滾帶爬從貨車木床掉下來，心裡想著：「好……好個頭啦！只差沒摔死，還是被嚇死……」

但是眼前結實纍纍的參天大柿子樹，卻讓我一下子說不出話來。柿子樹蔭下則是一片布袋種植的有機薑園，還有另一片是搭棚的粉豆園。

再轉過身，滿山遍谷的咖啡樹，錯落有致地生長在高高低低的石級上，而咖啡樹下的土地，不像一般慣行農法使用除草劑跟落葉劑的農地，沒有一寸土表是裸露的，全都欣欣向榮長滿了不同的蕨類，還有嫩綠的覆地植物，這些都是只有在有機農場才能看得見的美麗植被景象。

環繞在遠方的，則是南台灣最高的大凍山。

只有在多明尼加共和國的有機咖啡莊園聞到過的香甜空氣，讓我開心得傻笑起來。突然之間，我被群山的寂靜所包圍。

等我的耳朵適應了安靜，又被各式各樣自然的聲音充滿。

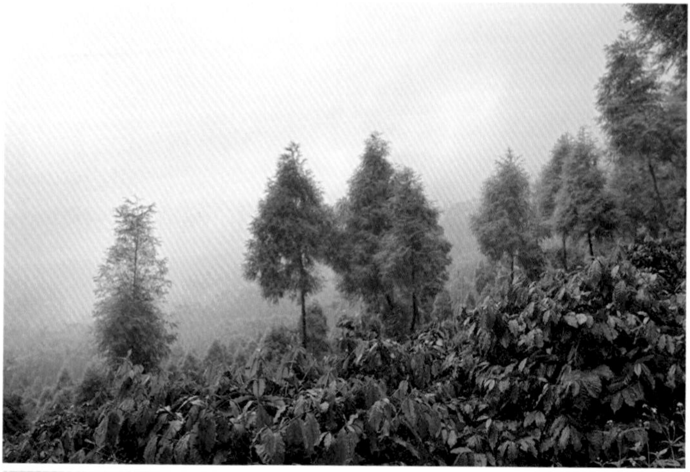

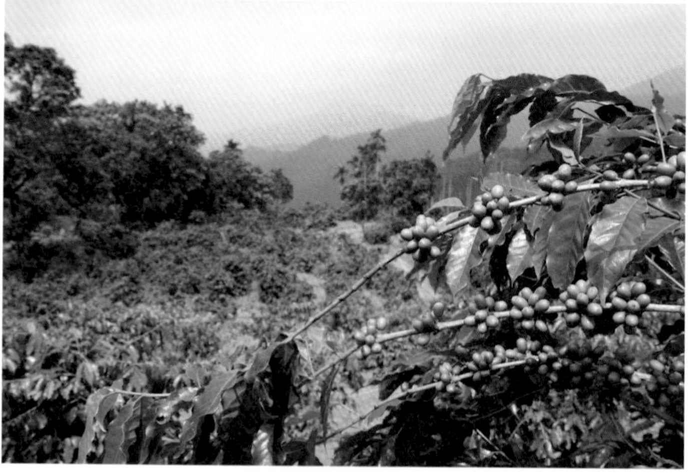

滿山的咖啡樹，竟讓人有置身在多明尼加共和國的錯覺。

郭雅聰拿著寶石般的咖啡果實。

五色鳥。貓頭鷹。蟬鳴。山羌啼。雨滴掉落在姑婆芋葉上的聲音。雖然我們只往山裡開了十分鐘，但這裡跟一七五號公路旁邊的「大鋤花間」，根本是兩個不同的世界。

我甚至不記得看過台灣這般青翠美好的面容，舉目所及，沒有任何一塊人工招牌，沒有人煙，看不見鐵皮屋，沒有俗氣的背景音樂。

還好，我堅持要上咖啡園來看看，要不然，我永遠不會真正明白當年十九歲的郭雅聰，為什麼會愛上西拉雅這片土地，中年之後願意放棄事業、放棄台北的風光、甚至拋下妻小，獨自回到這片山裡來。

見到眼前的景象之後，我似乎明白了什麼，一切都有了合理的答案。

等我回過神來，原本剛剛還在整理咖啡樹的郭雅聰，不知何時已經在一塊大石頭上靜坐，側面的線條看起來活像一尊雕像，黝黑而光澤的皮膚，粗糙卻溫暖的雙手，破舊卻具有風格的衣褲，我知道比起山下高朋滿座的咖啡館，過有機的小日子才是這家人真正留在西拉雅的理由。

摘一點野生過貓的嫩尖和有機粉豆，待會兒拌麵。咖啡櫻桃直接塞進嘴裡。砍下一、兩枝柿子樹的枝條，就有幾十顆全家吃不完的野生水果。咸豐草的花，可以直接拿來泡茶。

一心二葉的咖啡嫩葉，則要曬乾烘焙以後再喝。心急的時候漫步，心亂的時候靜坐。下雨的時候，就隨手用鐮刀採一片姑婆芋當傘。就算全身淋濕了，也沒關係。

他們的二十四小時，跟我的二十四小時，
是那麼相同，卻又完全不同。

小確幸與小日子

台灣有一本文青喜歡的小開本雜誌，中文就叫做《小日子》，是我幾位大學學長創辦的。這本雜誌的外文名字用的是法語的「c'est si bon」，意思是「美好的一天」。但是跟 Hoke 一家人相處過後，我並不覺得他們努力追求的小日子必須是美好的，他們在西拉雅找到的小日子，更像是美籍日裔作家柳原櫻（Hanya Yanagihara）創作的暢銷小說的標題《A Little Life》。

「美好的一天」其實很簡單，只要能沿著一七五號公路，開到「大鋤花間」，找到一個靠山邊的好位置，喝著好喝的有機咖啡，看著緩緩落下的夕陽，任何人都可以買到，這裡不行，換別的地方也無所謂。

公路旁就看得到的「大鋤花間」是小確幸，但小日子卻珍藏在山上的咖啡園裡。那一次以後，我開始明白，小確幸隨手可得，但小日子卻要全力以赴，而且後無退路，就像上山的「之」字路大轉彎那樣。

之後我每次帶朋友去西拉雅，都會提醒一個人要帶一張瑜伽墊，在「大鋤花間」喝完咖啡後，徵得郭雅聰的同意，我們可以自己慢慢走上山去靜坐一會兒（其實是因為不敢再搭郭爸爸開的車）。

有一次，Hoke 說他剛好有空，自告奮勇開車載我們上農場，我們爽快地答應了。萬萬沒想到原來 Hoke 開農用車，比他的爸爸更猛，根本是雲霄飛車，加上一路催到底的油門，震耳欲聾的引擎，跳動的鐮刀，死亡「之」字彎，連續打耳光的樹枝，一樣也不少，直到咖啡園的中央，柿子樹前面。

「我們到了喔。」Hoke熄掉引擎，從駕駛座走下來，若無其事地用溫柔緩慢的聲音微笑著對我們說：「還好嗎？」

我的同伴們連滾帶爬從貨車木床上掉下來，第一句話就是惡狠狠地對著我說：「你有沒有發現這家人說話都……」

「嗯，我知道，你不要再說了。」我使個眼色，「他們家是花間派的。」

帶著瑜伽墊去旅行

我喜歡帶著瑜伽墊到郭雅聰的有機咖啡莊園去靜坐，他會開著老貨車，跟我一起上去。他沒有瑜伽墊，就坐在兩棵咖啡樹之間長滿青苔的石頭上禪坐；我則喜歡坐在軟軟的，嫩綠地毯一般的蕨葉上。

只有自然農法的有機土地，才會長著又厚又軟的過溝菜蕨，靜坐完要下山之前，隨手採一口袋的嫩蕨葉，經郭大嫂稍微燙過，就是拌食義大利冷麵的「過貓」。當然，郭雅聰的義大利麵裡，還有粉豆、南瓜、香菇，和其他的有機山菜，隨著時令有什麼就吃什麼，有些是在自己的咖啡樹下，就著樹蔭種的，但大多數是跟附近鄰居、農家以物易物來的。

比起唾手可得的小確幸，我更嚮往必須全力以赴的小日子。就像瑜伽裡的「大休息式」，外表看起來像是一個極為簡單的動作，卻是瑜伽最難的體位法。必須全神貫注，才能保持「清醒而放鬆」的狀態——就像小日子那樣。

第6堂發現課

在慢慢窯學習炭焙龍眼乾

窯滾吧！秋日的龍眼！

在慢慢窯裡的慢旅行。龍眼焙灶寮五天四夜，我去學習一門即將失傳的炭焙龍眼乾手藝。

「龍眼乾怎麼來的？」

「不就是曬乾嗎？」我天真地說。

龍湖山農場的老闆小二哥哈哈大笑起來。

他們告訴我小二哥的體型，一看就知道是龍眼農夫的標準體型，虎背態腰，胸板像猩猩般厚。我一開始無法體會，但跟著勞動五天之後，我完全可以心領神會。

西拉雅地區跟大多地方日曬的龍眼乾不同，全是使用龍眼木在焙灶寮裡面烘焙出來的，所以西拉雅的柴焙龍眼有一股特殊的龍眼柴燻香。但是這種傳統工法，每次烘焙就需要不眠不休花上五天四夜，而這烘龍眼乾的季節，每年前後要不眠不休維持兩個月。

我永遠無法忘記已經當外公的小二哥，告訴我的第一句話：「我出生第一眼看到的，不是爸媽，是龍眼。」

因為出身龍眼農家的他，誕生在大人最忙的龍眼季節，生下他以後根本沒人有空照顧，只能跟著大人在龍眼焙灶寮裡度過人生最初的時光，也注定了他這輩子跟龍眼分不開的緣分。

剛採下來的龍眼含水分多、甜分高，採收後在常溫下容易腐酸，所以採收後要馬上進行脫水。用來炭焙龍眼專用的「焙灶寮」是東山傳統的窯文化保存得最完整的一項，估計在西拉雅境內，至少還有將近一千口各式各樣專門燻龍眼乾的窯，但是因為一般商家都有自己的獨門技術，所以外人並不容易親眼看到。

柴燒龍眼乾

一輩子跟龍眼為伍的小二哥心裡也知道，柴燒龍眼這門技術，跟西拉雅其他龍眼農家一樣，沒有年輕一代願意接班的話，大概就只會做到他這一代。

剛採收完的龍眼要馬上進行脫水，否則在常溫下容易腐酸。

「那這柴燒龍眼乾，不就會失傳了嗎？」我一聽，嘴裡吃著甜滋滋的龍眼，心裡卻酸了起來。就這樣，我央求小二哥讓我跟著他五天四夜，自私地希望把這門可能即將失傳的手藝，深深記在心裡。

第一天，我們從採果開始，接著經歷脫葉、剪枝、剪粒、落焙、入寮、起火，開始這場人與自然合一的儀式。

早上剛從農場運過來的龍眼「剪枝」，每車有四千斤的龍眼，每一棵龍眼樹可以生產一百到五百斤不等的龍眼。採收後的龍眼葩先進行脫葉或剪枝，每個灶放滿是兩萬斤。剪每顆龍眼的時候，不能傷到蒂頭，要留下一、兩公釐的枝，烘完之後的重量只剩下三分之一。

剪完枝以後的龍眼放進底下鋪木條或是竹片的焙灶，以竹子編織成片狀的叫做「竹箴」，小二哥的父親從嘉義竹崎的家鄉帶來的傳統，小二哥另外兩口窯鋪的是木條，則是西拉雅的傳統。將龍眼平鋪在竹片上方，這個把剪好粒的青果放進焙灶寮的動作叫做「落焙」。

同時，小二哥的妻子已經在兩個大型的竹篩子上準備好「入寮」的貢品，我們都莊重地站在龍眼灶添柴的爐口。

小二哥燃起一炷香，入寮的儀式就開始了。

「入寮」是每年進入烘龍眼乾的季節時，第一次生火以前要做的儀式。烘龍眼季節結束的最後一批，還有一次，叫做「完寮」。

兩個竹篩子上面的貢品各不相同，最明顯的是其中一盤有酒，另外一盤上除了菜、飯之外，只有清水。

我從來沒想過「烘焙出色澤漂亮的龍眼乾」
這幾個字可以變成真實生活當中的場景。

「有酒的那一個篩子，是用來拜土地公、地基主的。」小二哥一面兩邊輪流斟酒一面說，總共添了三杯給土地公，三杯給地基主，就是「酒過三巡」，這時候香也差不多燃了半炷，就開始燒金紙。

「那另外那盤是給誰的？」我忍不住問。

「那是給好兄弟的。」小二哥笑著說，「白天農夫照顧灶裡正在烘的龍眼，晚上就要換好兄弟來顧，如果喝得醉醺醺的，那怎麼行呢？」

小二哥這時候，開始燒摺疊的長條紙，紙上繪有衣服、剪刀、針線，叫做「更衣」，另外有一些沒有圖案，叫做「白錢」。

「先燒更衣、白錢，讓長期無人奉養的好兄弟，先更換新衣，用白錢買點日常用品，再體面地上桌享用飯菜。」小二哥一邊說，彷彿這些都是他熟悉的人物。

在夕陽西下的時候，該燒的都燒完了，這些飯菜供品搬回廚房，準備晚上大夥兒加菜。

入寮儀式結束，生龍眼平鋪放入焙灶後就可以開始「起火」。

連續一整年來修枝、剪枝收集來的龍眼木柴，已經在窯口一捆一捆按照大小長短放好。粗大的龍眼樹主幹，能夠穩定燃燒幾個小時，但一開始要起火的時候，要先用比較細、比較容易點燃的樹枝先生火，慢慢讓大樹幹的溫度升高，到了一定的程度主幹才終於點燃。

「用老欉的龍眼柴來煙燻，乾柴慢火才會香。」小二哥用充滿溫柔的眼光看著窯裡劈啪四散的火星，龍眼柴的煙像霧一樣，慢慢地往上升，過了一個小時，青色的煙終於穿透過一層又一層密密擺放的龍眼果實之間的縫隙，裊裊地升到了最上層。透過細細的煙，我可以看到山下的嘉南平原，燈火還是閃耀著，這時在城市裡看電視、上網的人，應該完全無法想像，在這西拉雅的淺山上，我剛剛度過了大概是這輩子最長的一天。

停不下來的烘焙窯

當我覺得這一天好不容易結束，已經在關子嶺的火山泥漿溫泉，慢慢把全身的煙燻味洗去，正打算躺平的時候，小二哥的電話來了。

「咦？不是明天才要繼續嗎？」

「現在就已經是明天了啊！」小二哥若無其事地說。我看看手錶，剛剛過午夜十二點，這不會是真的吧？

「小二哥你開玩笑的吧？」

「隨便你喔，」小二哥半認真地說，「是你自己說要學，每一個步驟都要知道的，你自己看著辦。」

所謂的「第二天」，在第一天晚上過半夜十二點就開始了。呻吟了一下，我只好從床上翻下來，又往龍眼農場奔去。

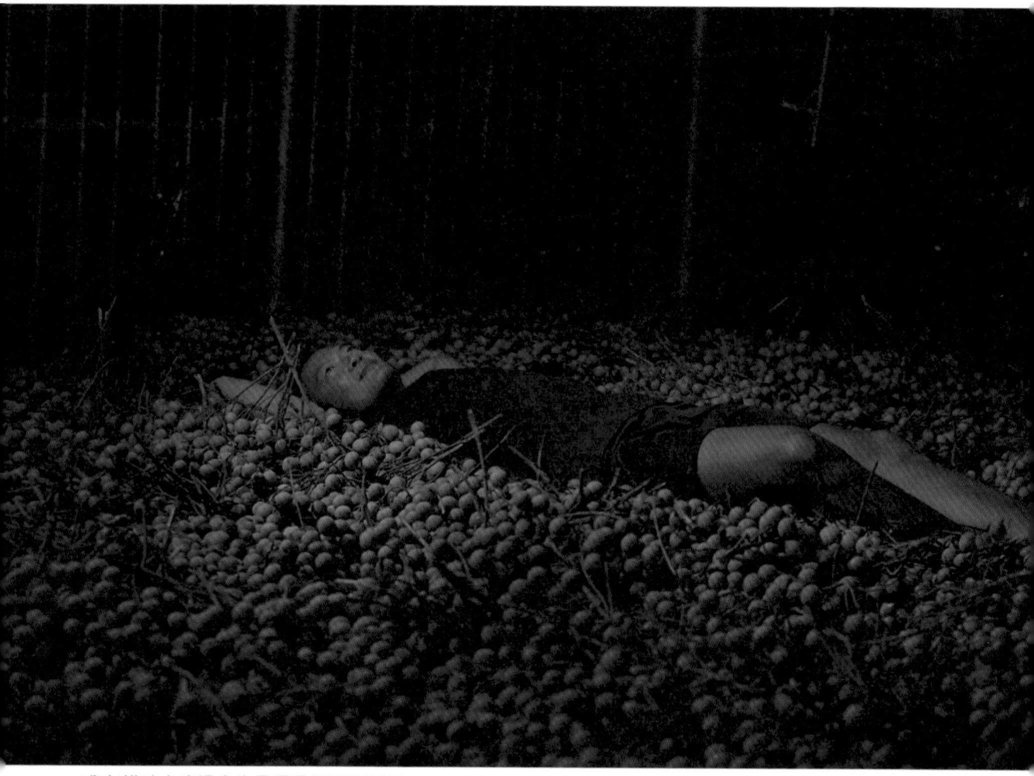

我在烘培窯度過人生最漫長的五天四夜。

烘焙最重要的是火候的控制，第一天主要是除去生果和樹枝上的水分，所以火候的溫度控制約在攝氏六十至八十度左右。夜間也不得閒，每兩個小時要上來焙灶寮「巡火」、添柴火一次，以免焙灶溫度不平均，影響烘焙的品質。

因為炭火的焙灶，不像機器可以控制溫度，所以完全要憑老師傅手的細微觸覺跟多年來的經驗，來判斷窯裡龍眼的溫度是太冷還是太熱。

這樣每兩個小時調整一次柴火的烘焙過程，要一直持續五天，灶中的溫度保持得好，需要使用的龍眼木柴也就比較少，烘焙的時間可以比較短。但是如果只是其中一、兩小時因為貪睡，讓溫度跑掉一次，可能就要多花一、兩天的工作日，才能完成烘焙，顏色也會變得比較焦黑，賣相不佳。老實說，我從來沒想過「烘焙出色澤漂亮的龍眼乾」這幾個字可以同時出現在同一個句子裡，或是變成真實生活當中的場景。

到了太陽出來，吃完早餐以後，我們並沒有因此閒著，反而是開始重複第一天的工作。在第二口窯重複採果、剪枝、剪粒、入窯、起火的過程中，我突然有誤上賊船的感覺。

「這根本是魔鬼訓練營，比特種部隊還要操一百倍啊！」

我看著眼前四口看起來很無辜的窯，突然發現這個安排有多麼邪惡！因為理想的狀況，當然是四口窯同時烘焙，但是每一口的工作時間都剛好差一天。意思就是說，當第一口窯的工作進入第二天的時候，就是第二口窯的第一天，等到第一口窯進入第四天的流程時，就是第四口窯的第一天，如果一切都很順利的話，第五天就是第一口窯的龍眼乾完成的時間，

或許，我們都比想像中，更熟悉西拉雅，
但那些記憶跟我的一樣，埋在很深很深的地方。

把完成的龍眼乾通通拿出來的時候，一群人要忙著分級、包裝，但是另一群人卻要把龍眼生果準備好，立刻又要趁著窯的溫度維持穩定的時候，開始第二批龍眼在第一口窯的第一天。

這樣的生活要毫不間斷在整個龍眼收成的季節持續著，通常是兩個月左右的時間，這時我完全了解小二哥為什麼說，每年到烘龍眼的季節，他都要瘦上十公斤。他這麼說的時候，在場的女生們無論年齡大小，無不發出充滿羨慕的譁然聲，甚至紛紛舉手自告奮勇說要來免費當兩個月的志工，只要能夠保證瘦十公斤，做什麼都可以。但事實是，我們能夠清醒地看到第三天的太陽升起嗎？

雖然有了進入無底深淵的真實感，日子還是要繼續。到了第二天下午，第二口灶的龍眼已經順利落灶、起火，比起第一天已經熟練許多，動作也加快不少，但是第一口灶的新工作才正要開始。

第一口灶的龍眼生果，經過烘焙一天二十四小時的煙燻後，已經開始脫水，所以果粒上的小樹枝大多已乾燥，這時必須利用翻攪烘焙的機會，順便將這些細小的枝椏剔除，這個動作叫做「清米」，以免龍眼慢慢變乾，龍眼殼也越來越脆弱的時候，這些細碎的小樹枝，會在翻動的時候刺破果殼。一旦殼破了，就像還沒有孵化就裂開的雞蛋，沒有未來可言，破裂的數量一多，這一批龍眼乾的價值就會大打折扣，甚至血本無歸，所以是一件非常瑣碎、但是異常重要的工作。

當然，每兩個小時巡柴火的工作，還是像便利商店那樣二十四小時無休無間斷地進行著，不同的是，農家沒有三班制，靠的往往都是年邁的夫妻倆，或是手足之間彼此幫忙，但是鄰居之間因為每個人都同時在悶頭照顧自己的焙灶寮，就算願意互相幫忙，也心有餘而力不足。這解釋了為什麼我在東原里的老街看到很多家庭，焙灶寮在一樓，住家就在二樓。

每到烘龍眼的季節，農人們都會瘦上 10 公斤。

「住在焙灶寮樓上，不是很燻、很難受嗎？」一開始我有這個難解的疑問。但是到了第二天晚上，工作結束我只想直接在焙灶寮旁邊躺平，根本沒有力氣回到溫泉旅館去，因為過兩個小時，又得上山來巡柴火。難怪住家要建在山頭的焙造寮，龍眼農夫跟工人這兩個月是不回家的，地鋪或竹床根本就擺在露天的焙灶寮裡面，還有一個簡陋的小廚房，所以吃跟睡都在焙灶寮裡。

晚上一有空躺下來，就在夏日的星光點點之下，舉目望去，可以看到遠方的山頭也都有裊裊的炊煙，那就是另外一個農家的焙灶寮，另外一對老夫婦守候著傳統的生活，直到有一天他們再也做不動為止，這一門傳統的工藝，就會跟著小二哥這最後一代柴燒龍眼農家，永久地走入歷史。

每一口灶在經過烘焙一天以後，小二哥會在晚上吃飽飯後，開始進行一次「翻焙」的動作。

首先，要先將焙灶內及膝的龍眼，用目測的方式大致分成五到六等分的區塊，翻焙的時候，就是按照區塊，輪流將焙灶上的龍眼果進行翻攪的動作。

一開始，要用多年的訓練培養成完全不怕燙的鐵沙掌，將最靠近灶口的第一區龍眼，先裝到籃子裡。裝的時候，必須要有正確的順序，依序由左至右、或是由右至左均可，但是接下來通通都要用同樣的順序，由上至下裝到竹籃中，用外行人看不見的規則依序排列，因為這樣才知道籃子最上面的龍眼，是原本在焙灶最底下的一批。最底下的受熱最多，乾燥的程度也一定比最上面的高，所以再放回焙灶中的時候，原本最上面一層受熱最少的龍眼，就要翻到最底下，這樣一整個焙灶的龍眼，受熱的程度才會均勻，否則會產生有些還沒乾燥，有些卻已經燒焦的大問題。

當其中一區的龍眼進了竹籠子，原本漫到灶緣的焙灶，就騰出了一些空間。這時要穿著雨鞋，小心翼翼地踩進焙灶裡面，但是不能踩到龍眼，也要注意腳必須踩在木條有支力點的地方，萬一踩到長木條脆弱沒有支撐的部分，可能會踩斷，人跟龍眼就會整個掉進底下的火堆裡。

所以即使是虎背熊腰的小二哥，此時也突然化身武俠小說當中水上飄的輕功高手，小心翼翼地一區一區，把後面的推到前面。下面的翻到上面，最後還要用「平櫓」將灶中龍眼果再度鋪平，好像細心的阿公幫熟睡的小孫子蓋棉被一樣，才算完成一次翻焙的動作。

至於龍眼乾烘焙完成以前，到底需要翻焙幾次並不一定，全視果農以手攪動龍眼乾碰撞時發出的聲音或是取樣剝開龍眼乾試吃來決定。翻焙的狀況是決定可保存時間及龍眼乾外觀色澤好壞的關鍵，如果果肉太乾附著在果核上的話，一點都不好吃；但是如果太潮濕，很快就會發霉，無法保存，所以一定要恰到好處。至於怎樣叫做「剛好」，就是多年的經驗跟教訓，外行人根本無法判斷。

翻焙的時候，最快樂的時刻就是可以盡情地吃有裂痕的瑕疵品，因為外殼如果有裂痕，龍眼柴的煙灰會慢慢滲透到果肉裡面，無法入口，所以還不如一邊挑出來的時候一邊吃掉。我從來沒有吃過熱的龍眼乾半成品，有一種難以形容的獨特口感，比鮮果更加甜蜜有嚼勁，但是又比龍眼乾柔軟多汁。老實說，只吃過龍眼鮮果或是龍眼乾的人，根本無法想像這樣的獨特滋味，也只有在焙灶寮接受煙燻、跟睡眠不足的雙重折磨下，才有這種以天地為背景的特權。

就這樣邊翻邊吃，龍眼經過一遍又一遍翻焙，整個焙灶寮四周，開始發散出特殊的燻木跟完熟果實結合的濃郁香氣，每一分鐘都更強烈濃郁。

到了第四天，除了前三口窯夜以繼日地翻焙，每兩小時一次巡柴火，採果、脫葉、剪枝、剪粒、落焙、入寮、起火，準備龍眼生果進入第四口窯，第三口窯還要清米。這一貫的動作，似乎進入了某種規律，感覺上像是一台巨大的機械，經過了幾天的運轉之後，我的身體也終於慢慢地找到了節奏，跟焙灶寮之間，產生了一種奇妙的聯繫。

更奇妙的是，在這一片種滿龍眼樹的山中，我的存在，這個焙灶的存在，似乎都進入了一個完整的系統裡，好像是再自然不過的事。當我遠眺另一座山，另一個藍煙裊裊的焙灶，我知道那是另外一個系統，而在那一個生態裡面，有另外一個我，一個小二哥跟他的家人，有幾千幾百棵每天輪番成熟的龍眼果樹，有另外幾口焙灶寮，他們的二十四小時，跟我的二十四小時，是那麼相同，卻又完全不同。

龍眼乾半成品，有一種難以形容的獨特口感，
比鮮果更加甜蜜有嚼勁，但是又比龍眼乾柔軟多汁。

這是小二哥用生命和靈魂烘焙的龍眼乾。

柴燒烘烤龍眼乾 製作過程

1 採收完的龍眼生果要先進行脫葉和剪枝，剪每顆龍眼時，不能傷到蒂頭。

2 剪完枝以後的龍眼放進焙灶，這個動作稱為「落焙」。

3 進行完入寮儀式後，用老欉的龍眼柴來煙燻龍眼。

4 每兩個小時必須調整一次柴火，要一直持續五天。

5 煙燻後的龍眼生果，要翻攪烘焙的「清米」動作，將細小的枝椏剔除。

6 經過一天的烘焙後，都要進行一次「翻焙」的工作，輪流將龍眼進行翻攪。

7 經過五天，夜以繼日的翻焙，巡柴火，第五天就是第一批龍眼乾出爐的時刻。

8 最後將溫熱的龍眼乾畚到竹篩子上，留下最高級品，剩下的按照大小跟完整性分類，再開始秤重、包裝、封口。

逐漸消失的樹上便當

第四天，我還聽到一個好美的故事。

「在我爸爸、爺爺那個時候，整片山的龍眼樹都是野生的，」我記得聽到同樣在西拉雅的第七代仙湖農場年輕主人侃薔說過，「因為這裡漫山遍野都是野生的百年龍眼樹，野生的森林當然不會有人修剪，所以每棵樹都長得很高。每到採收龍眼的季節，農夫們就要背著竹簍爬到樹上去摘鮮果，一棵龍眼樹通常要一整天才採得完，每次簍子滿了以後用繩索緩放到地上，地上接應的家人把簍子倒空了再升到樹上。因為越爬越高，上樹下樹很花時間，所以上廁所都免了，更不用說下來吃飯。於是到中午，農家就會準備便當，跟著空竹簍一起升到高高的龍眼樹上，讓農夫直接在樹上吃飯。」

侃蕾說的竹簍，我在小二哥的焙灶旁邊看到好幾個，大概有半個人高，每一個裝滿了就是五十斤。

當然，這個飯盒裡面的飯菜，都必須是開胃、消暑、能夠補充力氣卻又容易拿取的食物，這就是西拉雅「樹上便當」的由來。已經當祖父的小二哥，說他小時候才剛會走路，就被分派這個每天中午背著便當，到森林裡送到爸爸手上的任務。

在當地農家慢慢以龍眼園取代野生龍眼樹以後，不再讓龍眼樹無限制地生長，因此也不再需要把中午的飯送到樹上，樹上便當的傳統也就漸漸消失了。

「你還記得樹上便當裡面有什麼菜嗎？」後來我只要遇到西拉雅的龍眼農家，一定都會問這個問題，然後把他們的回覆寫下來：醬筍，龍眼乾烘蛋，三杯田鼠……心裡有一個小小的願望，說不定有一天能夠在西拉雅做出「樹上便當」的復刻版，讓西拉雅龍眼與焙灶寮的故事，有更完整的味道。

雖然思緒都飄到古老的野生龍眼樹林跟美味的樹上便當，但是眼前翻焙的手卻不能停。每當看到碩大肥美的龍眼，如此努力小心翼翼照顧到了第四天，卻還是出現裂痕，心裡覺得很可惜，但是又有點高興。因為這就表示可以名正言順地剝開來，把還有一點水分，熱騰騰的龍眼乾送進嘴裡，那辛勤勞動中的美味獎賞，有著難以言喻的美好。但是隨著焙灶的溫度越來越熱，小二哥的空啤酒瓶也越堆越高，這是一個從呱呱墜地那一天起，眼睛睜開的第一眼就看見龍眼的男人的世界。老實說，我完全無法想像除了小二哥以外，還有誰會守著這四口窯，年復一年，夜以繼日燻製龍眼乾，並且得意地說，這是十月，這是菱角，這是粉殼……

小二哥的老婆重現了樹上便當。

我可以確定地說，經過夜以繼日的翻焙，巡柴火，到今年「入寮」以來，第一批熱騰騰出爐的柴燒龍眼乾從焙灶「畚起」的第五天，知道我終於可以從極度疲累中解脫時，竟然覺得有一點捨不得。除了這極有可能是這輩子唯一一次烘製龍眼乾的最後一天之外，或許跟前一夜意識到我目睹的是一門即將失傳的手藝有關。

一旦開始上工，就覺得自己不捨的想法實在太天真。小二哥已經回復魔鬼總教練的姿態，催促著我們手腳要快要輕，將還溫熱的龍眼乾從焙灶床上輕輕畚到竹篩子上。篩子的目很大，所以只有最大最美的龍眼，才會留在篩子上，變成最高級品，而且要連篩兩次，確定沒有不小心混進頂級龍眼乾裡的次級品。

最高級品通常根本還沒有開始烘製，就已經被老顧客訂購一空，所以分類好以後立刻用紅色的網袋封起來，順手繼續放在還在煙燻中的第二口焙灶最上面，變成可望不可及的夢幻逸品。

剩下的，就要按照大小跟完整性分類，除了分成大小之外，有裂紋的也要另外挑出來，因為如果有裂縫的話空氣會跑進去，很容易受潮，所以接下來要交給家裡的老人家，趁新鮮在專用的電熱小桌子上，另外一顆一顆剝成盒裝的龍眼肉。

分好之後，要開始秤重、裝袋、封口，看到五天前還在樹上的龍眼，經過一百二十個小時的細心調理，變成了一包一包的成品，收藏得宜的話可以保存一年，竟然有種像是自己的孩子般捨不得賣的感覺，當然立刻就打開皮夾，把除了要回家的車票錢之外，所有的現金都買了溫溫熱熱的龍眼乾。

焙灶寮是大地給龍眼農家的枷鎖，
也是大自然給西拉雅的祝福。

見證最後一代「土窯烘製龍眼乾」

經過了五天四夜，傳統手藝的體驗到了一個段落，九斤新鮮龍眼可烘出三斤帶殼龍眼乾，三斤龍眼乾只能剝出一斤去殼去核的龍眼肉。但是我知道接下來整整兩個月的每一天，每天二十四小時，虎背熊腰的小二哥一家人都會在這裡，扛著一簍一簍的龍眼，喝著啤酒，揉著被煙燻紅的眼睛，生火，翻焙，望著星空和嘉南平原交界的遙遠天際線，看著另外一個山頭，另一戶龍眼人家，另一口裊裊炊煙的焙灶。焙灶寮是大地給龍眼農家的枷鎖，也是大自然給西拉雅的祝福。

親自參與炭焙龍眼乾繁複的過程，才知道每一個細節都在考驗職人的功夫，一不小心可能就會過乾燒焦，龍眼殼破裂、蛀蟲，或是過濕造成發霉。幾乎每一個窯主都說自己將是這個窯的最後一代，有機會花五天四夜，親眼看到、品嚐，甚至見習一門即將失傳的手藝，絕對是西拉雅的獨門祕技。採用真正傳統式土窯焙灶法，完全以人工的方式依循古法煉製、烘焙，那充滿汗水的土窯中煙燻出來的龍眼乾風味，絕對不是機器烘焙所能取代的。

對於堅守焙灶寮的西拉雅農民，我有著無比的敬意。

兩個月以後，就像每年季節開始的「入寮」儀式，還會有一場「完寮」的祭拜。於是小二哥，跟其他龍眼農夫一樣，才能夠回家，帶著瘦了十公斤的身子，躺在自己的床上，那時候他都在想著什麼呢？

全台灣還繼續用「焙灶寮」古法土窯烘製龍眼乾的人，多數集中在小二哥為家的西拉雅東山一帶，包含南勢、高原、青山、東原、南溪、水

那充滿汗水的土窯中煙燻出來的龍眼乾風味，
絕對不是機器烘焙所能取代的。

雲、林安等山區。最集中的南溪社區就有將近兩百座，雖然只有五百多個居民，如果說在地人幾乎都靠龍眼維生，並不誇張，也難怪當地人戲稱自己是「窯窯相望」社區。

本草綱目中說龍眼可以「安志強魂」，我以前一直以為講的是龍眼對食用者身體的滋補，但是經歷了這五天四夜完整的過程之後，真正強大的意志力，來自於像小二哥這樣的農夫，他的生命跟靈魂都灌注在一顆、一顆的龍眼裡。

好個「安志強魂」！我坐在開往台北的高鐵上，手上把玩著一顆還有餘溫的炭焙龍眼，滿身的汗味和煙燻味，顯然讓四周穿著西裝、握著星巴克咖啡的乘客紛紛走避。但是這一刻，我的身體跟大地是連結的，我的心是滿的，而我，是快樂的。

本課商家資訊

龍湖山生態農莊：「我出生第一眼看到的，不是爸媽，是龍眼。」一輩子跟焙灶寮和龍眼為伍的小二哥，他做的龍眼花茶就像他的人，樸實卻又餘韻繚繞。

龍湖山生態農莊
地址：台南市東山區高原里 109 之 6 號
電話：0932-896-974

第7堂發現課

讓祕境永遠是祕境，才是最好的安排

尋找消失的古老棧道

「你有聽過『猴仔脯』嗎？」週一的中午，沒有別的客人，段淑云幫我炒一道醬筍烘蛋配飯，我跟著進了廚房重地，她一面用菜刀將前一年秋天醃製的醬筍切薄片，一面若有所思地說。

「啊？」我一下子意會不過來。「猴仔脯？有啊！小時候阿母叫我們『猴死囡仔脯』……」

「不是啦！」人稱「西拉雅公主」的段淑云笑出聲來。「我最近看到你去東非馬拉威工作時上傳的臉書照片，不是有小朋友在路邊賣老鼠乾嗎？我才想到西拉雅這裡，以前也會有住在山裡的客人，自己拿猴仔脯來，要我代客料理做成下酒菜……」

我這才回過神來，原來段大姐說的猴仔脯，是用猴子肉曬成的肉乾！不只如此，她還詳細描述上面長滿了蛆蟲的樣子，繪聲繪影地說要料理之前，得先把上面的蟲子都抖掉，據老人家說有長蟲的比較美味。

「你有吃過嗎？」我一面看著她熟練地打蛋，一面不可置信地問。

「當然不敢！」五官深邃的她，露出打冷顫的樣子。

「現在還有嗎？」我腦海裡開始想像這道西拉雅菜的味道。

「現在很少了，偶爾老人家從山裡面來吃飯，一、兩年才遇上一回吧。」

跟我同年齡的段公主，在西拉雅的關子嶺跟還在嘉義大學念農學博士班的丈夫，開一家叫做「五福園」的餐館，也是這條街上唯一一家在地西拉雅族人經營的料理店。店名之所以叫做五福園，是因為台語中龍眼又叫做福圓，店門口有五株龍眼樹。

我喜歡聽段淑云說小時候的故事。她說小學時這條街上有一戶鄰居阿伯，在她每天上學經過的時候，總會冷不防對著她促狹地叫一聲：「拎捆！」

當時她對這個怪阿伯覺得很害怕，所以只能頭也不回快步通過。就這樣經過了好幾年，阿伯每天早上就對著這個害羞的小妹妹捉弄地喊：「拎捆！」但段淑云從來不知道阿伯在說什麼，或是為什麼會這樣對她。

這樣到了國中，有一天，已經長大的段小妹實在受不了了，第一次沒有快速掩著頭通過，反而在阿伯面前停了下來，站定後鼓起勇氣瞪著大眼睛興師問罪：「阿伯，為什麼每天我經過，你都要罵我！」

阿伯沒料到鄰家小女孩會有這一招，也嚇了一大跳，只能支支吾吾地說：「啊……啊……我沒有罵妳啊！妳就長得很像外國人啊！」

「我長得像外國人，你幹嘛罵我拎捆？」

「外國人的名字，我就只聽過拎捆啊！」阿伯漲紅了臉。

段公主想了一會兒才意識到，原來阿伯說的是美國總統「林肯」，不禁啞然失笑。

當時還是國中生的她，只知道自己的長相跟其他人不一樣，卻不知道自己是西拉雅族。

不敢承認自己是西拉雅族

我想到另外一位西拉雅族朋友穆麗君，她也是在十九歲以後，才知道自己是西拉雅族，在這之前，她一直以為自己是台南鄉間的閩南人。

隨著認識西拉雅越深，我在這些西拉雅族的朋友身上，
清楚感受到一種看不見的力量。

段淑云用醬筍製作烘蛋的過程。

段淑云在國中之前，都不知道自己是西拉雅族。

「當時老一輩怕被排斥，不敢承認自己是西拉雅族，甚至沒有告訴自己的子女他們真正的身分……」這幾年跟著公公萬長老，努力推動西拉雅正名運動，以及語言文化保存的穆麗君，曾經這麼跟我說。

實際上，有位同樣姓段的鋼琴老師，參加我帶領的西拉雅在地旅行，那一天我們到了五福園吃飯，段淑云因為兩人同姓，所以聊開了，一問之下段淑云竟然認識她的幾位親戚。從那一次開始，年輕的鋼琴老師意識到，自己有可能跟段淑云同樣是西拉雅族，只是自己不知道，意外開始了尋根的旅程。那次之後，從此週末假日，頻繁帶著媽媽到西拉雅，儼然是回故鄉。

穆麗君的公公，人稱「萬長老」，台南市平埔族西拉雅文化協會會長萬正雄，雖然一直知道自己是西拉雅族，然而跟大部分其他族人一樣，家庭從小努力隱藏自己的身分：

「小時候，我皮膚很黑，住在山區散居的部落之間。有一天，牽著牛經過山下稻田，牛停下來吃了幾口草，稻田主人突然衝出來破口大罵：你們這些黑番仔，給我記住！……」

回到家裡，萬正雄問長輩什麼是「黑番仔」時，當時的台灣還在戒嚴時期，老人家也只敢偷偷咬耳朵告訴小孩，「咱就是平埔族啦。」

萬長老說他從小就因此很自卑，雖然不能說，但是心裡一直揮之不去的是「我是誰」這個問題，尤其每次家中的台語對話，會突然跳出幾個不熟悉的字眼，像是valiu，像是alid。

長大以後的萬正雄，台灣政治也因為解嚴後開放，原住民認同不再是禁忌。不甘心自己的身分和母語就此消失的他，帶著女兒萬淑娟，兩人拿著紙筆展開行動，深入一個個部落，從耆老口中「採集」母語，但一趟趟

尋找西拉雅，就是尋找台灣。
只要台灣的存在是真的，西拉雅的存在，就是真的。

跑下來，卻感到深深的挫敗：「一個部落可以採集到的字，總共不超過五十個字，為什麼？」

就在快要放棄希望的時候，專門做研究的成功大學物理系教授黃文宏，覓得一本荷蘭人傳教士當時編纂的《新港語馬太福音》相贈，重新燃起了萬正雄保存西拉雅語的希望，一頭埋進這些用羅馬字拼音的西拉雅語，開始一個字、一個字還原幾乎沒有人會使用的語言。結果終於編訂出一本重達四公斤很有「分量」的西拉雅語字典，也開始用西拉雅語創作歌謠，甚至每個禮拜固定時間，邀集其他想要學習族語的西拉雅族人，一起到他經營的「綠谷西拉雅」上西拉雅語課。

同時，在西拉雅另外一頭的東河里，人稱段老師的西拉雅族部落發展促進會理事長段洪坤，平時主要的收入是補習班老師，但是他真正的熱情是他在吉貝耍社裡設立的「部落學堂」。吉貝耍原來是洪雅族哆囉嘓社的舊地，而吉貝耍三個字是西拉雅語 Kabuasua 的音譯，意思是「木棉花的部落」，根據部落學堂的文史工作者說，木棉花開不但象徵春天的到來，也象徵文化傳承開始。吉貝耍人跟木棉花的情感很濃。早期以木棉花開來決定播種、插秧的時間，撿拾落下的木棉花曬乾後，拿來煮成消暑的木棉花茶，木棉棉絮可以採收來成為枕頭填充物。

吉貝耍人是西拉雅族蕭壠社之後裔，部落學堂除了保存族語之外，還致力保存傳統西拉雅族的編織、食物，還有「阿立祖」的傳統信仰及習俗，尤其每年農曆九月初五舉行的「嚎海祭」的儀式最具代表性。

人稱「萬長老」的萬正雄拿著芭蕉葉帶領所有人進行播種節的儀式。

看不見的力量

一面吃著段淑云親手做的熱騰騰的醬筍烘蛋，一面興味盎然地聽著西拉雅人五十年前，那個小兒麻痺肆虐的年代，如何自己用猴子、山羊熬煮如今已經不復見的「猴膠」跟「山羊膠」來入藥，其實不需要這些，我眼前吃的麻竹醬筍，就是西拉雅在地人家家戶戶，一年一度滿山遍野竹筍盛產時，自家會用醬缸醃漬的西拉雅料理。

「我們每年要做醬筍的時候，還會到白河一家叫做『明和順』的雜貨店，去買長滿菌絲的『豆菇』來讓筍子發酵……」

除了用醬筍，泡完茶的龍眼花茶，也會用同樣的方法拿來做成美味的炒蛋，攝取花中大量的花青素。產婦坐月子的時候，則是會拿自己曬的龍眼乾來做桂圓炒蛋。這些西拉雅在地人覺得稀鬆平常的料理記憶，其實對於外人來說，都像另外一個世界般，新奇、有趣極了。

雖然關子嶺溫泉街上不見得都是西拉雅族人，但這條路上的在地餐館，菜單上都會有一道「山河」料理。我問過幾位餐館的老闆，他們都理直氣壯以為這是傳統的台灣菜，全台灣到處都有，但其實出了西拉雅這一帶，根本沒有人知道「山河」是什麼。

所謂山河，就是專門吃甘蔗的田鼠。我甚至懷疑，「山河」這兩個字不是閩南語，而是西拉雅語。因為西拉雅過去有台灣最大的私人糖廠，所以有面積廣大的甘蔗園，在地人時常在甘蔗收成之後，順便將這些飽食甘蔗的田鼠做成三杯料理，到現在去關子嶺在菜單上還能看見。也難怪段大姐看到我在馬拉威介紹在地人用芒果汁熬煮老鼠，日曬成乾後串在竹棍上，會覺得似曾相識。

隨著認識西拉雅越深，我在這些西拉雅族的朋友身上，清楚感受到一種看不見的力量。

西拉雅族高度漢化，通行語言為閩南語，聚落建築的形式與一般嘉南平原的農村無異，但是西拉雅族的心裡，卻因為差一點完全失去了自己被隱藏的文化身分，因此特別珍惜這個宛如重生的機會。

當我在曼谷的洽圖洽假日市集裡，造訪一家致力將傳統泰國甜點元素置入傳統法式甜點的咖啡館 Wantong café 時，看到傳統茉莉蛋絲進入抹茶塔，黑米變成慕斯蛋糕，這種泰國式的叛逆讓我特別感動。也立刻就想到我在西拉雅的西拉雅族朋友們。段大姐會要我到山裡去拜訪果園的時候，請西拉雅的小農朋友找到開始變得橘紅、但是還沒有乾枯的完熟檳榔，用綁在竹竿上的長鐮刀，將可遇不可求鮮美多汁的檳榔成串割下，下山到位在山腰的關子嶺時，她就會使出絕技，熬煮出一鍋隱藏版的西拉雅部落美

西拉雅部落美食「檳榔雞湯」。

食「檳榔雞湯」讓大夥兒加菜。煮好之後，貢獻檳榔的小農，也可以嚐到這味在地人都只聽說過、但是幾乎沒人嚐過的部落老菜。

就像任何的族群，我們都能夠在料理中，尋找文化記憶。無論是段大姐口中的西拉雅猴仔脯，還是曼谷咖啡的黑米慕斯蛋糕，在這個在地文化至上的全球化時代中，原來最大的叛逆，叫做「傳統」。

消失的古老棧道

「我還記得小時候，季節到了初夏，小孩子都必須跟著爸爸媽媽挑著扁擔，翻山去挑筍乾回到東山，這些筍乾才能運到都市去賣。」龍湖山的小二哥一面翻焙著燻製中的龍眼乾，一面沉浸在回憶裡，眼神有些迷濛地說，「大人一天可以來回走三趟，但小孩子一整天頂多就只能挑一趟。」

已經當爺爺的小二哥，擁有一個繼承父母留下來的龍眼農場，我們在東山，一個台灣人也不知道的台南區域，很難想像他說的場景，就是如今的曾文水庫。

之所以來請教小二哥，是因為我們心裡有個小小的願望：想要找回舊日通往曾文的古老棧道。拜訪西拉雅這段日子以來，無論是曾文或是東山的老人家，不止一次聽西拉雅人說過去這兩個被山峰阻隔的地方曾經是便捷通暢的，但他們說的是在曾文水庫淹沒了許多曾文的竹林與村莊的事，沒有人確實知道山裡那條記憶中的棧道，如今究竟還在不在。

現在從種滿咖啡的東山，要去曾文水庫邊的大埔，雖然地圖上看兩地比鄰而立，但溝通兩地必須取道高速公路，開車繞一大圈，將近兩個小時的車程才能到達，非常不便。難以想像在古老的歲月，每年有幾個月這兩地曾是捆綁在一起的命運共同體。

如果覺得台灣不好玩，或無法說服更多人喜歡在台灣旅行，
有可能是因為我們知道得太淺，或是愛得不夠深。

虎山社區的里長帶大家去採竹筍的過程。

因為初夏開始三個月的竹筍季節，是曾文地方的村民一年唯一的主要收入來源。曾文在地農人拚命入山採收竹筍，而東山地方採野生龍眼的農民，則趁著龍眼成熟前的時候，拚命曬筍、挑筍。兩地的農夫們，不分男女老少，戮力合作，可以想像當年這條挑著扁擔走出來的山路，每年夏天絡繹不絕的盛況。

「但是這條路，如今在哪裡？」我對於探究這個答案的渴望，逐漸擴大，直到好奇心震耳欲聾，無法不正視。

尤其特別會講古的小二哥，把這條路描述得如此活靈活現，鉅細靡遺。我抬頭看著森林覆蓋的山稜線，彷彿可以看到在這些濃密的路樹當中，有一條他口中述說的古老棧道，棧道中途有一面巨大的石壁，新鮮的綠竹筍就是在這片向著日光的石壁上壯觀地鋪開正在曝曬中的筍乾，幾乎可以嗅到空氣當中那股酸筍的濃烈香氣。

「小二哥，你還能憑記憶找到這條路嗎？」我說。

小二哥尷尬地搖搖頭，「那是小時候的事了，現在哪裡記得？」

幾經堅持後，小二哥終於說：「不如我告訴你那條路確實的入口跟出口在哪裡，你們年輕人帶把開山刀去『壟山』，說不定還能找到。」

西拉雅人所謂的「壟山」，是個動詞，意思是在沒有路的山中，披荊斬棘開出路來，到達山間任何想去的地方，是難得的西拉雅傳統。對西拉雅人來說，「壟山」時常沒有什麼目的，只是一種戶外活動，就像城市人游泳、或是跑步一樣。

我忍不住想起一九二〇年代首批挑戰珠穆朗瑪峰的英國探險家喬治．馬洛里（George Mallory），他在被問及為何想要攀登珠峰時回答說：「因為它就在那兒。」（Because it's there.），雖然他在嘗試攀登珠穆朗瑪峰途中喪生，這三個字卻成為將近一百年來，在登山者之間傳頌的名言。「蠻山」就像喬治．馬洛里的話語，也在西拉雅人的血液中繼續流竄著。

比如西拉雅地區有名的「江家古厝」第二十七代傳人，我們的朋友小江，就曾經跟我說，雖然平時穿著襯衫、西裝，經營著現代風格的休閒農場，但他休假時的嗜好，就是「蠻山」。

「『蠻山』是為什麼我留在西拉雅生活，沒有到都市去的理由。」他毫不猶豫地說，「活著就是要冒點險，不然怎麼算活著！」

小江這麼說的時候，我心裡已經想著怎麼跟他穿越一路超過六公尺高的野生咖啡樹，到三尖山的石洞探險。在過去，西拉雅族人住在山坡，山上則是漢人的「土匪窟」，從現在的關子嶺以上，是三不管地帶的「惡人谷」，三尖山有一個石洞，當時處決了幾十名土匪，化為白骨，有比較大膽的人帶著開山刀去「蠻山」，結果聽到石窟有著戰士敲竹鼓的聲音，嚇

「蠻山」，意思是在沒有路的山中，
披荊斬棘開出路來，到達山間任何想去的地方。

得直到今天都沒有人敢再上去。

東山森林中出生長大的年輕小農 Hoke，也是「大鋤花間」郭老闆的兒子，聽說這條古老的步道時，他的血管也立刻血脈賁張起來。擅爬百岳的他二話不說，約了幾個擁有登山急救訓練員證照，也是攀登台灣百岳的山友，自告奮勇要去找出這條曾經聯繫兩個世界的路。

他們去探勘的一路上，我們像昔日使用無線電通訊的登山者跟基地之間保持聯繫那樣，用手機的 LINE 一步一步保持著聯繫，並且每一則訊息，附上一、兩張照片，讓我遠在希臘的聖托里尼島航海時，也能夠確實掌握他們的每一個動態，並且給予反饋，都要拜科技之賜。

小二哥記得的棧道入口，是「山河巖」登山口。對不是西拉雅當地人來說，可能不知道所謂「山河」的意思，跟字面上的「山」或「河」其實一點關係都沒有。

「山河」原來是吃甘蔗維生的田鼠，也是西拉雅人常吃的肉類蛋白質來源。所以「山河巖」這個地名，肯定是當地人知道盛產田鼠的地方。

「目前山河巖內的古道嚴重損毀，已經找不到上去的路。」Hoke 開始回報，「上登山口約兩百公尺後，小徑完全消失，我們自己拿刀開路向山頂上走，一路非常陡峭，約七十至七十八度。沿途發現山羌腳印，還有幾個疑似山羌躲雨的山洞，也見到台灣獼猴。路上碰到四個土石流，繞路，繼續爬行至稜線，沿著稜線走至三岔口處。」

我忍不住吹了個響口哨。在超過七十多度的斜坡前進！那陡峭程度，恐怕不是沒有豐富攀岩經驗的人可以想像。

「沿途上有眾多的咬人貓，還有滿山滿谷長滿帶刺黃藤，稍不注意容易受傷。」

「一直到山稜線為止，依稀可以看到登山者留下的布條，但沒有路可以走。」

「我們終於爬上稜線，我想我們重新找回了古道！」手機另一端傳來令人振奮的消息，「我們決定從那棵樹背後繞進古道。」

正當我覺得非常興奮的時候，很快卻又傳來讓人失望的消息：

「過了三岔口後向前走約兩百公尺，分成兩條小徑，我們判斷一條通往『仙公廟』，另一條下『樟樹林』。可以看到曾文水庫，目測下山約需要三個小時。」

我知道，如果選擇從曾文水庫下山前進，在完全看不到古道的痕跡，也沒有足夠裝備的狀況下，沿途不休息也需要三小時，如果考慮回程，搞不好沒有辦法在天黑之前回來，相當危險。但是如果選擇「樟樹林」，就會回到他們出發的「山河巖」，也無異為這趟探索宣布了失敗。

我相信那一刻，他們雖然什麼都沒有說，但心裡都充滿掙扎。

我收到 Hoke 在下樟樹林約五十公尺處拍攝的照片，可以看到雄偉的曾文大壩，就在兩座山的正中央，閃耀著粼粼波光，多麼誘人。

接下來的兩則訊息，宣告了這個計畫的死刑。

「離登山口約一百公尺處山洪暴發，原本的小徑已經完全變成水路，無法前進。」

「往曾文水庫的山路均已淹沒。」

我看著照片中滾滾的黃泥漿奔流而下，不禁為他們的安全捏一把冷汗。

經過一陣沉默，Hoke 做了決定：「我們決定下『樟樹林』。」

但就算想回到出發點，也不是那麼簡單的事。

「這是通往『樟樹林』的小徑。」Hoke 傳來照片，同時說明，「道路還算好走，只是倒了幾棵樹，我們清理完之後繼續走。」

人類如果願意放下人定勝天的傲慢，讓「祕境」永遠是「祕境」，說不定才是大自然最好的安排。

身在曾文水庫，左右都被群山包圍。

令人平靜的曾文水庫風景。

等他們回到山河巖以後，我們立刻討論如果這條路就是小二哥說他小時候挑筍乾的棧道遺跡，是否值得增加裝備跟人力，做萬全的準備，另外找個時間我也跟著重新挑戰一次。

Hoke想了一天後，他回覆說這條棧道就算重新打開，也必須是對於「蘢山」有高度興趣而且豐富經驗的人才行。因為沿途坡度陡峭，危險度高，加上遍布咬人貓，還有帶刺黃藤，容易受傷，所以最後做出「不建議」的結論。

或許我們下次應該去當地老人家記憶中，另一條比較平緩的步道，越過「崁頭山」和仙公廟步道會經過的「咖啡山」之後，連結「獅額平山」，然後通往山頂的步道。

意識到對西拉雅族人意義非凡的精神象徵「竹子」的古老步道可能永遠不會重見天日，我們心裡都有些難過。但念頭一轉，或許這正是大自然特意的安排。

在台灣快速開發的節奏中，老天將這條曾經連結曾文地方對外經濟命脈的古老棧道，在曾文水庫以人為方式永遠改變了山谷的地貌之後，從人類手上收回，用滾滾的水流淹沒了棧道、用咬人貓和黃藤銳利的刺搭起了屏障，讓人類再也不能通行；而把這條美麗的山路，留給台灣獼猴嬉戲，有洞穴讓山羌可以躲雨，有田鼠可以飽啖的野生甘蔗，而藍腹鷴能夠張開美麗的翅膀盡情飛翔。

這條古老的棧道，並沒有真正消失，只是人類因為對自然的冒犯，以至於被收回使用的權利。

我慢慢意識到，人類如果願意放下人定勝天的傲慢，讓「祕境」永遠是「祕境」，說不定才是大自然最好的安排。

科技雖然能夠讓我遠從希臘的小島，同步掌握著 Hoke 在西拉雅「蘢山」探路的每一個片刻，卻不代表擁有科技的人類，就有權利對大自然的安排予取予求。

站在西拉雅的土地上，我抬頭看著阻隔東山和曾文的山稜線以及密布的森林，心中充滿感謝，感謝大自然又教我一堂重要的功課。

本課商家資訊

五福園溫泉美食館：人稱「西拉雅公主」的段淑云，她的愛情故事就是關子嶺之戀的真人版，她對西拉雅的愛，全神貫注地表現在四季時節的料理中。

五福園溫泉美食館
地址：台南市白河區關嶺里 31-15 號
電話：06-682-2199

果農之家企業行：守護江家古厝的 27 世傳人，也守護著西拉雅的傳統精神，帶著一把開山刀往專挑沒有路的森林深處「蘁山」，過著勇往直前的自然生活。

果農之家企業行
地址：台南市楠西區密枝里 6 號
電話：06-575-0035

大坑休閒農場：在西拉雅南端的大坑山區養雞起家的蔡爸蔡媽一家人，每年時候到了就遵循西拉雅地方的傳統，抬出大醬缸，醃製自家剛好一年用的醬筍。

大坑休閒農場
地址：台南市新化區大坑里 82 號
電話：06-594-1555

台南市白河區虎山社區發展協會：在竹林裡面遺世獨立的美好生活，西拉雅的竹文化，讓世世代代虎山人的生活作息，跟著竹子的生長同步，是西拉雅的筍子達人。

台南市白河區虎山社區發展協會
地址：台南市白河區虎山里木屐寮 28-5 號
電話：06-685-5542

新紅葉山莊：位於關子嶺溫泉區最上層，群山環繞視野遼闊，是關子嶺唯一可以觀賞壯闊山景與嘉南平原夜景的山莊。

新紅葉山莊
地址：台南市白河區關嶺里關子嶺 65-9 號
電話：06-682-2822

第8堂發現課

用咖啡修行，每天都超越過去的自己

喝一杯用生命和熱情煮出來的咖啡

當天氣逐漸變冷，西拉雅的關子嶺溫泉進入旺季的時候，也就是西拉雅咖啡小農們開始要忙著收成的時候了。

「當年我退休的時候，把所有的退休金都拿去買了地開始種咖啡，一心只想著把咖啡種好，什麼都沒想，也不知道種出來的咖啡要賣給誰。結果突然有一天，坐在家裡，被好幾噸的上好咖啡豆包圍著，一面摸摸口袋想找香菸來抽，然後才想起來，我根本連買一包菸的錢都沒有。」老闆陳得，一面幫我們倒咖啡，一面扯開嗓門大笑，說著當年的往事。

陳得大哥若無其事地說著這段往事時，我的心頭震了一下。

很難想像，從這個粗線條的台灣老男人口中，聽到為愛所苦的故事，而這段真愛的對象，是苦後回甘、還帶著悠悠果香的咖啡豆。

本來經營燈具的陳得，二〇〇四年決定退休，帶著打拚事業一輩子的錢，返回故鄉西拉雅的東山區，立刻買了一塊兩公頃多的果園，開始從頭摸索改行種咖啡，跟著已經在東山做出成績的幾個咖啡小農，包括「大鋤花間」的郭雅聰學習技術，只是為了圓一場台灣男人的西拉雅咖啡夢。

靠著積蓄，在沒有收入的情況下，種了三年，存款也慢慢因為投注在咖啡農場而幾乎見了底。首次順利收成一萬多斤後，心底的如意算盤是豆子收成後，就可以立刻變現賣錢周轉，但萬萬沒想到，一心一意悶著頭種咖啡，從來沒有想如何為咖啡豆找出路，才會落到坐在咖啡山前，卻連一包菸都買不起的地步。

雖然不知如何是好，但陳得對自己種出來的咖啡豆有信心，於是硬著頭皮去雲林參加古坑舉辦的台灣精品咖啡評鑑。

「報名時，古坑的主辦單位說根本沒聽過台灣有東山咖啡，但當時我一心只想著為那一萬多斤咖啡豆找通路，所以不顧主辦單位潑冷水，還是堅持要參加評鑑，我告訴自己：『反正再糟也不會比現在更糟了。』」

比賽當天，還是菜鳥的陳得赫然發現參賽的竟然多達兩百多家業者，除了雲林古坑當地之外，來自屏東、台東、花蓮、台中、嘉義各地身經百戰、有備而來的參賽者，也都帶著自家最自豪的精品咖啡豆前來一較高下，當時還很「菜」的他，根本不敢抱著期望。

「就當作是換一次經驗吧！」他這樣安慰自己。

杯測評鑑需要一整天的時間，評鑑結果會在第二天上午公布。陳得沒有勇氣面對無情的現實，故意拖到快中午才姍姍來遲，結果沒想到他的豆子貼著紅紙，旁邊圍著一群人指指點點。

種了三年咖啡的陳得，最終獲得咖啡評鑑的賞識。

「陳得！快來！你的豆子評鑑得到第二名！」

得到第一名的是種植在一千三百公尺高的咖啡豆，西拉雅的海拔標高只有八、九百公尺，再加上又是初試啼聲的菜鳥，能在兩百多個參賽者當中脫穎而出，簡直是傳奇故事。

陳得終於鬆了一大口氣，他高興的不是得獎本身，而是這代表一萬多斤默默無名的豆子，不只能夠順利找到通路，還能夠賣得好價錢，十公斤豆子就能賣到兩萬多元。

這種逆轉勝的故事，多麼激勵人心。各式各樣的比賽故事，我在「十方源」，在「大鋤花間」，在「崁頭山」，也都聽過，一個比一個驚險，一個比一個精采。但共同的一點是：「沒有人把一次的成功當成理所當然」，就像運動員一樣，每一場競賽之後，就重新歸零。

我突然迫不及待地想看做夢的台灣老男人，人生下半場的故事場景，那個充滿咖啡的地方，是什麼樣子。

天池四周的咖啡小農們

第一次上天池，是雨季。

按照陳得給我的指示，我們從一七五號公路稍不小心就會錯過的狹窄路口、李子園聚落邊緣一間小土地廟彎進去，沿著越開越窄的產業道路一會兒，經過幾戶在自己家裡的三合院賣原豆的咖啡農家，三公尺寬的產業道路終於戛然中止，才到達陳得的家。

前面停著得利卡的農舍，黃狗來福守著的門後，高峰咖啡的老闆娘，正悠悠地用虹吸壺在客廳煮著剛剛烘好的公豆。

我四顧沒看到客人。

「我自己想喝。」老闆娘笑著說。

速速喝了一杯後，因為地濕路滑，陳得說他今天不上去了，但是他用

外表看起來粗獷的西拉雅農夫，
一說到咖啡就化為貼心的情人。

保溫瓶裝了一壺剛煮好的咖啡交給我，說上去天池喝。黃狗來福就代替主人，蹦蹦跳跳帶著我們上山。

狹窄而長滿青苔的石子路兩邊，都是無窮無盡的咖啡樹，樹上結實纍纍，枝頭掛滿翠綠還沒有成熟的咖啡豆，像是一串一串的翠玉，沉重地垂下枝頭，偶爾一、兩顆早熟的紅色果實點綴其間，像是紅寶石。

「哪來那麼多台灣咖啡？」過去我曾經不止一次聽到朋友對標榜台灣生產的咖啡抱著懷疑的說法，「每次去咖啡農場的咖啡店喝咖啡，根本也沒看到幾棵咖啡樹，怎麼可能做出那麼多咖啡？肯定是用印尼、越南進口的廉價咖啡豆冒充的，還賣得那麼貴！」

過去我覺得這樣的說法有道理，但眼前的景象，告訴我極可能是自己犯了疑心病。接觸西拉雅的咖啡農場之後，我才發現原來咖啡農都將自己的咖啡店，開在交通方便的一七五號公路沿線，開車經過就可以看到招牌的便利之處，店門口種的那些咖啡樹，往往是沒有採收價值，只是裝飾用的咖啡樹。但真正大量種植咖啡的莊園，原來都隱身在遊客的視線看不到、甚至開車到不了的後方。

跟中南美洲大面積商業種植不同，西拉雅在地的咖啡農場都各自屬於獨立的小農，所以走過的每一甲地，都有不同的主人，我才發現原來除了陳得，西拉雅還有那麼多做著咖啡夢的人。每座莊園咖啡樹生長的樣貌，也都明顯因為主人的習慣、經驗、個性、理念不同，得到不同的照顧，因此呈現完全不同的姿態。有的被像園藝植物般悉心呵護，有的則是放任自生自滅。有的土地一根雜草都沒有，卻也有的土地上覆蓋了綠色絲絨般的蕨類。這一片又一片如棋盤般的咖啡農場，彷彿透過或紅或綠的漿果，爭先恐後地說著每個愛咖啡的西拉雅人，不同程度的傻故事。

在兩邊都是咖啡樹的羊腸小徑中穿梭，咖啡樹下開滿了非洲鳳仙花。路面上長滿了青苔的郊山步道，滑了幾跤之後，終於走到滿山咖啡園的最深處，在海拔七百公尺的淺山地帶，霍然出現一個開滿蓮花的天然湧泉，當地人稱為「天池」。因為是雨季滿水位，水裡充滿了魚、青蛙、蝌蚪、蓮花，空中也穿梭著各式各樣的野鳥，松鼠在樹與樹之間忙碌地跳躍著。

「這個湧泉形成的池子，是泥火山地形的一部分。」

被這麼一提醒，我長久的疑惑突然得到了解答。從日據時代起，北投、陽明山、關子嶺、四重溪就同時榜上有名的並列為台灣四大溫泉，其中關子嶺的泥漿溫泉，根據我地理老師的朋友說，就是屬於新第三紀沉積岩層在觸口斷層附近的溫泉。

「原來天池是泥火山啊！」

天池是個湧泉形成的池子，是泥火山地形的一部分。

我立刻聯想到夏威夷大島的可娜（Kona）咖啡。

可娜咖啡被稱為「咖啡之后」，跟「咖啡之王」的藍山齊名，正因為除了溫暖但不過熱的氣候，早晨陽光充足，午後多雨水。最重要的，還是沿著大島南海岸酸性土質的火山土壤，為咖啡豆帶來充足的養分，形成獨特的葡萄酒香與酸味，入口清新且口感溫醇。

天池的泥火山在氣候條件上跟夏威夷大島很像，上午十時才見得到陽光，下午西照時，有美麗的雲海籠罩，溫度、濕度及日照比都很平衡，沒有過於突出或不足的地方，正像是西拉雅咖啡中段的厚實感。

我登上雲霧繚繞的天池旁邊「龜形山」上制高點的涼亭，眺望四周，看到咖啡園以泥火山的湧泉為中心，放射狀地拓展開來。咖啡樹種在不採收的檳榔樹和龍眼樹林間，避免太陽直曬，形成咖啡半日照的最佳生長環境，泥火山土質讓西拉雅咖啡直逼可娜咖啡美味的原因，這一切都變得合理了。

而且就像可娜咖啡價格昂貴的原因一樣，圍繞著天池生長的西拉雅咖啡，也是用純手工的方式採摘和加工咖啡豆，昂貴的人工反映在價格上，但對於品質高的泥火山咖啡來說，卻是值得的。

從來沒有人告訴我，西拉雅的東山咖啡，跟夏威夷可娜咖啡的火山咖啡可以媲美，而且毫不遜色，而咖啡農場的生命之源——天池，就是古老的泥火山。這些都不是在台北的精品咖啡館看到台灣咖啡時可以想像的，甚至到了號稱「咖啡公路」的一七五號公路，也不會知道的事。

這些咖啡農場彷彿透過或紅或綠的漿果，
爭先恐後地說著每個愛咖啡的西拉雅人，不同程度的傻故事。

我和陳得在天池周圍散步。

天池就像西拉雅咖啡的生命源泉，四周被只能用「怒放」來形容的咖啡樹圍繞著，池裡清澈的泉水，許多青蛙慵懶地睡著，玩著，偶爾游兩下子水，在陽光的投影下，映著許多大大小小的魚兒。

只要停下腳步，全然的安靜，讓池子裡湧泉從泥漿裡此起彼落冒出水面的氣泡聲，變得如此清晰。

而遠方的五色鳥，在上一小時的雨滴滑落咖啡果實的間隔中，啼著。

那一次下山的時候，路滑難走，我們乾脆摘了姑婆芋的大葉子，墊在屁股底下，用滑的方式下山。沿路充滿了笑聲，褲子被染成青綠色、沾滿了泥濘也不在乎，彷彿一群發現了祕密基地的孩子，止不住地興奮。為了這分「聆聽」的愉悅，我開始一次又一次，準備好瑜伽墊，帶著黃狗來福一起上天池。

陳得說他一個月只要上山巡個兩回就夠了，所以我每次要上天池，也樂得不用理睬我。陳得雖然對陪我上天池沒什麼興趣，也不知道為什麼我愛去那裡，但偶爾會在我到來的前一夜，在冰箱裡冰上一玻璃壺的好咖啡，讓我背在背包裡上山去。我會用一條白色的毛巾把玻璃壺包好，這樣到了天池畔，即使一、兩個小時之後，還有好喝的冰咖啡。

下山以後，再把空壺還給陳得就行了，有時候，連說客套話都省了。但看到他的咖啡園，就算不說話，我也知道農場主人是一個什麼樣個性的人。

帶著朋友一起來，我都會提醒每個人要帶張瑜伽墊，一枝登山杖，還有一個自己的咖啡保溫杯。

登上龜形山制高點的涼亭往下眺望。

「你看，這片是村長的。」

「後面是老家咖啡。」

「有掛紅色捕蟲瓶的就是大鋤花間。」

到後來，我已經可以如數家珍看著每塊不一樣的植被，叫出咖啡園主人的名字。

一面說的同時，那些小農真誠而充滿皺紋的黝黑臉孔，一張一張從腦海中浮現出來。我想著他們說話的樣子，煮咖啡的樣子，說自己跟咖啡的愛情故事時的神態，似乎也能看出為什麼他們的咖啡樹，雖然在同一片山林裡，卻各自有著不同的姿態，而他們烘焙出來的咖啡，又為什麼因此有著完全不同的滋味。

這些來自天池的咖啡小農們跟咖啡苦戀的故事，傾家蕩產、驚心動魄的戀愛，就像他們手中種出來的咖啡一樣，對只在城市裡、一七五號公路上喝咖啡的外人來說，可能是又酸又苦的，但內行人卻能嚐出泥火山咖啡各種美好的滋味。

有這麼一群人，每一天將種咖啡、烘焙咖啡、喝咖啡，當作生命中理所當然的一部分。

只跟自己比賽的人

不是我要說，但陳得實在是西拉雅數一數二「龜毛」的男人。

我們遇到的第一天，在關子嶺，剛好聊到咖啡，他立刻說：「要不然明天我請你們喝咖啡吧！」

這種話，台北人常聽，聽完就算了，誰也不會當真。

沒想到隔天早上八、九點，他真的來了，不只從家裡帶了豆子跟壺來煮咖啡，還帶了十幾套全新的咖啡杯，不只有杯子、還有盤子，一人一組。

「陳大哥！你怎麼連杯子都帶來了？我們用自己的保溫杯或紙杯就好了啊！」我們忍不住驚訝地說。

「那不行，」陳得笑了，「我的咖啡必須要用我特別訂做的杯子，溫度剛剛好，才會好喝。喝完了，杯子還可以帶回家繼續喝咖啡。」

對他來說，要不就別喝咖啡，既然要喝，就得要放在對的容器裡喝，而且要慢慢喝，花上一個鐘頭慢慢從熱喝到冷，品嚐不同溫度時，咖啡豆釋放出來的不同風味。喝完以後十分鐘，還要再聞空杯的杯底，那是後韻最香的時候。

堅持要每個人把自己喝過的瓷杯盤帶回家，則是怕我們以後喝咖啡，找不到材質厚薄都剛好的瓷杯。

外表看起來粗獷的西拉雅農夫，一說到咖啡就化為貼心的情人，不止陳得一個。他們這種跟咖啡轟轟烈烈談戀愛的勁道，讓我也不知不覺地認真起來。

陳得堅持喝咖啡，就要放在對的容器裡喝。

比如無論何時到「十方源」，沿著種滿花草的石階往上爬至店門口時，第一個映在眼簾的，永遠是長年茹素的老闆王超永，站在滿牆佛經前的烘焙機器旁，眼睛像老鷹那樣認真地盯著每一顆豆子，專注忘我的程度到對周遭一切渾然不覺。

王老闆跟老闆娘兩個人，只要一說起咖啡就忘我，把所有的心力跟精神，都用在產出更好的西拉雅咖啡上。除了在國內參加咖啡評鑑比賽，而且年復一年將滿意的豆子，按照日曬、水洗、蜜處理的不同方式，自掏腰包送件到國外去參加評鑑，每次所需的費用就要兩百美金，這還不包含郵寄的費用。如果遇到雨天沒有客人上山的時候，王老闆就開始將五個虹吸管在吧檯上一字排開，正襟危坐地進行正式的咖啡杯測，讓五支不同的咖啡豆以相同的烘焙程度，最簡單的萃取方式，來作為杯測的標準。

「不要喝太快，」王超永總是提醒我，「一杯咖啡喝上兩個鐘頭，也是應該的，因為隨著溫度的改變，好咖啡的層次也會不斷改變……」

「要是每個客人喝一杯咖啡都坐兩個鐘頭，你這要怎麼做生意？」我開玩笑地說。「這樣慢慢喝，翻桌率不是很低嗎？」

「我這裡沒有在翻桌的。」王超永爽朗地笑著說，同時指著院子裡成熟的山葡萄，要我在等咖啡的時候，自己去採來吃。

除了咖啡，「十方源」也賣山菜鍋物，滿滿的盤子上會盛滿將近二、三十種他自己種的山蔬，台北人恐怕一樣也叫不出來。我勉強只能認得巴參葉、鴨跖草、藤三七、龍葵，剩下的就不行了。

「客從十方來，塵在十方外。」王超永眼神專注地瞪著烘焙中的豆子，若無其事地說，總是把事情說得很簡單；但他喜歡的事，沒有一樣是簡單的。

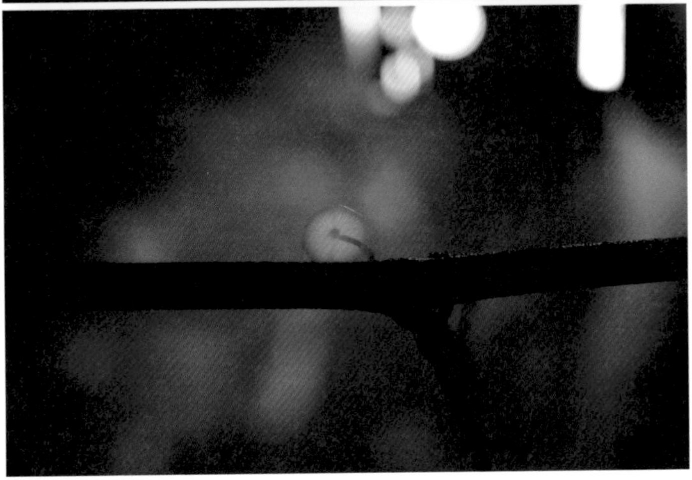

跟著王超永去夜觀，喚醒沉睡的童心。

這是為什麼，我喜歡晚上吃飽飯後，跟著喜歡自然生態的他去山上夜觀。透過「觀察」，我在下過雨的竹林，眼睛適應了全然的黑暗後，開始能夠辨識會發亮的螢光蕈，跟螢火蟲幼蟲尾巴的亮光，究竟有什麼不同。

短短的三百公尺，我們可以走一個多小時，幾乎每一次都可以找到五十種各式各樣的動物、昆蟲。認識不超過三、五種山菜的我，自然也看不到他看到的種類；跟著王超永去夜觀，就像喚醒我內在的小男孩。

看到的生態物種越來越多以後，他要我在他淺焙的咖啡裡面，花一、兩個小時慢慢地、用心地喝一杯，去找到哈密瓜的味道，烏梅的味道，龍眼的味道，杏仁的味道，玫瑰花的味道，柑橘的味道……

這人多麼不切實際，但又多麼美好。

不切實際，說不定才是我最需要「學習」的。大多數人在台灣生活，都太實際。吃個飯ＣＰ值要高，買個衣服要等打折，書捨不得買頂多用借的，借不到寧可乾脆不要看，就連想用拖把都還得等開團購。這麼經濟實惠的生活，真的比較快樂嗎？

在「十方源」的木屋裡，我認真地辨認咖啡磨成粉後所散發出來的乾香氣和濕香氣，喝入口中後的風味和酸度。王老闆像是一個味覺的導遊，帶領我仔細揣摩著巧克力、花生、蜂蜜、柑橘、水梨、哈密瓜，什麼才是讓人感到舒服的酸味，跟未成熟的酸澀、或發酵過度的酸，又有什麼不同，當然還有良好的烘焙帶來的甜味以及回甘，展示著烘豆師在烘焙過程中讓咖啡產生焦糖化卻不過度的手法。

「現在喝的這支是我們今年評鑑得到超過八十分的豆子。」老闆娘跟我一人拿著一杯坐在露台，小口小口地啜著，一面看著逐漸落在嘉南平原的夕陽。

每個人都在比賽，但想贏的對象，
不是別人，而是過去的自己。

「超過八十分？真的很厲害啊！可是競爭很激烈吧？南投前一陣不是有支得到八十六分的嗎？網路動不動也會有人說台灣哪一家咖啡館可以喝到超過九十分的咖啡，這樣你們能競爭嗎？」

「競爭？」秀氣而沉靜的老闆娘笑了，「我們參加評鑑，不是為了跟別人比，而是跟自己比，希望自己一年能夠比一年進步，這樣就好了啊！」

語畢，我們看著一輪紅色的太陽沉沒在遠方的海面上，沉默好一陣子，此刻不覺得有什麼說話的必要，正是無聲勝有聲。

那一剎那，就像好咖啡在中段時的表現，是種厚實的黏稠感，既不如前段那麼酸，餘韻的甘味也還沒有來到，那是很難形容的階段。

西拉雅大約栽植了一百五十公頃的咖啡，年產量達八萬磅，就至少有一百五十個動人的咖啡故事，跟八萬滴汗水。

在西拉雅的東山區，沿著一七五號公路兩側，一家又一家的咖啡館裡，為了看日落「順便」來喝咖啡、買咖啡豆的，恐怕比真正懂咖啡的人多，而沿路又混雜著進香拜拜的，去柑橘園採果的，去關子嶺泡溫泉的，表面上是平凡的南台灣鄉下。

但有這麼一群人，每一天將種咖啡、烘焙咖啡、喝咖啡，當作生命中理所當然的一部分，像丹品咖啡的賴正雄、賴東啟，用超過七十年的老欉咖啡樹以手工採收特別硬、密度特別高的咖啡豆，只為了追求不苦、不酸澀、潤喉回甘的口感；也有人強調自己不追求當下流行的淺焙，堅持做台北人眼中根本不夠文青的「南部人口味」的深焙咖啡。每個人都在比賽，但想贏的對象，不是別人，而是過去的自己。

透過再發現台灣的平凡之美，
再發現自己內在對於美好生活的需求。

小農們的臉上都洋溢著心滿意足的笑容。

小農們不是為了和別人比賽，而是為了要超越自我。

從這群為了咖啡傾家蕩產的小農身上，我學到最重要的功課是：與其說咖啡是一種農產品，還不如說是一種生活方式，來得更加貼切。而這種生活唯一的追求，來自自我超越；唯一的成功，則是變成一個比過去的自己更好的人。

西拉雅咖啡的故事，原來不是咖啡豆的故事，而是關於一群在公路上看不到、車輛也到不了的天池四周，種植咖啡的修行者的故事。

本課商家資訊

十方源咖啡：西拉雅的茹素修行人，咖啡就是他們的修行之路，堅持少量多樣咖啡品種，無止境追尋更好的西拉雅咖啡。因為「真正的成功，就是超越過去的自己。」

十方源咖啡

地址：台南市東山區高原里北寮 79-6 號

電話：0933-690-775

崁頭山咖啡館：沒看過自在地開在廟裡面的咖啡館吧？就連拜拜都是端著一杯熱騰騰的咖啡獻給神明，但能烘焙出得獎的西拉雅咖啡，除了虔誠之外，努力更是必須。

崁頭山咖啡館

地址：台南市東山區南勢里 14 號 2 樓

電話：0963-459-008

豆讚莊園咖啡：號稱西拉雅最北端的咖啡莊園，強調水洗豆的半直火烘焙，讓咖啡一口就回甘，而且一杯慢慢品嚐從熱喝到冷，體會隨著溫度釋放不同的香氣。

豆讚莊園咖啡

地址：嘉義縣中埔鄉三層村 2 鄰 7 號

電話：05-255-1131/0912-183-809

---

308 老農夫咖啡：像西拉雅族的一匹狼，兀立在月世界的山陵線上，守護著家人和族人，隱世而居，是慢生活、有機生活的西拉雅戰士。

308 老農夫咖啡

地址：台南市左鎮區草山里 98 號

電話：0937-395-676

高峰咖啡園：陳得是為了圓西拉雅咖啡夢，不惜傾家蕩產的浪漫阿公，在古老火山口的天池旁，守著虹吸壺，成為自己喜歡的人。

高峰咖啡園

地址：台南市東山區高原里李仔園 108 號

電話：0935-837-579

第9堂發現課

不只有西拉雅族，才是西拉雅人

西拉雅人就是愛西拉雅的人

「我從來沒想到有一天，我的臉書上有一個朋友是種龍眼的農夫，而且常常來按讚。」我的夥伴培園有一天忽然有感而發地說，她指的是龍湖山的小二哥。這是我們一起開始在西拉雅工作一年後的事。

我時常開玩笑，說我們的工作團隊是「青蛙團隊」，因為我們都曾經是台灣這個池塘裡的蝌蚪，但隨著我們成長，好奇心激起對外面世界的渴望，慢慢長出了後腳，長出了前腳，跳出了池塘，到了世界各地，有了各式各樣美好的經驗。但是終究，我們都從世界各地回來，無論是非洲的模里西斯還是日本東京的新宿，緬甸山區還是德國法蘭克福書展，共同最大的功課，是回到池塘裡跟魚學習生活。

表面上，我們以產業輔導團隊的名義來到西拉雅，但在青蛙教魚怎麼設計行程、包裝產品、異業結合的同時，魚也教青蛙怎麼停止羨慕草原上奔跑的豹子、感嘆為什麼不能是天上的飛鳥，學會留在池塘裡按著大自然的時序，過好潛沉、有機的慢生活。

記得我下榻在關子嶺一家叫做「新紅葉」的溫泉旅館，那是生平第一次泡泥漿溫泉，接下來花了幾天走訪在地，「西拉雅」慢慢從陌生的三個字變得立體起來。一開始看起來平凡無奇的台灣南部鄉下，一旦多花一點時間遠離公路，往山裡走，跟在地農場主人交談，就彷彿打開一個接著一個神奇的盒子。

老實說，即使住在嘉義、台南的朋友，也沒有幾個人知道西拉雅在哪裡、是什麼。

這還不算什麼，即使連住在西拉雅風景區裡面一輩子的村民，生活在西拉雅裡，卻沒聽過西拉雅，就有點妙了。

尋找西拉雅，就是尋找台灣

這門為期一年的發現課，我希望在離開這個島嶼二十多年以後，與台灣鄉間重新建立起美好關係，透過再發現台灣的平凡之美，再發現自己內在對於美好生活的需求。那種感覺，像是隻腳趾甲過長的狗，開始試著在平常事物的表面上，到處磨磨蹭蹭，那種「蹭」的過程，就是「發現」。

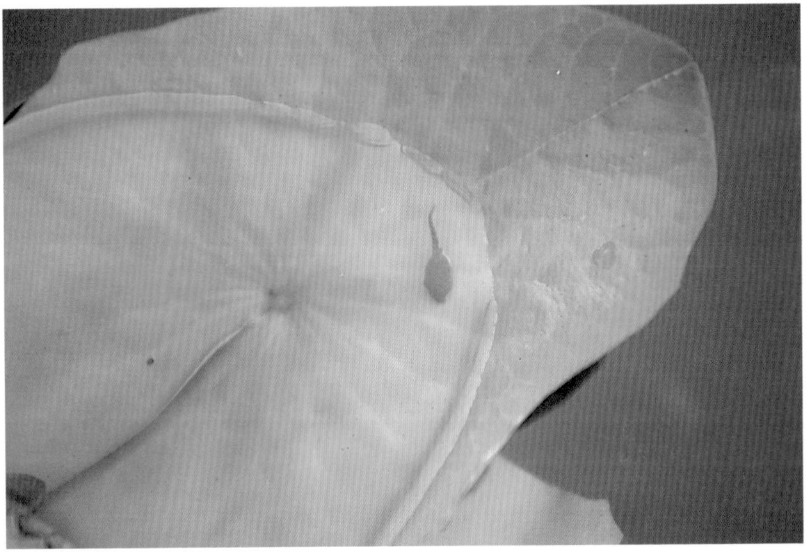

和我一起工作的團隊都曾經是台灣這個池塘裡的蝌蚪。

雖然我看到西拉雅是個非常獨特的地方，但是當地人總是一再略帶抱歉地強調：「我們這鄉下沒有什麼。」

這些熟悉的說法，將我的回憶帶回到歷年來參與過的太平洋關島、馬紹爾群島「可持續觀光」發展計畫，以及美國亞利桑那州、新墨西哥州的印地安部落保留區的「生態旅遊」（Ecotourism）發展工作經驗規劃，也都聽過同樣的話。

西拉雅似乎面臨同樣的境遇，我發現我這隻青蛙，開始努力地告訴魚說：「你的池塘很有趣，你說的故事，甚至比我在陸地上聽過最有趣的故事，都還要有趣。」

「怎麼可能？」魚不相信我的話，認為青蛙見多識廣，一定是在說客套話而已。

自認客觀條件上的特色不足，帶來發展上自信的相對缺乏。非常類似的困境，我在其他小島、部落所謂的「封閉型社區」也都見過，但是我從來沒有想到，會在台灣寬廣的嘉南平原上，遇到一個封閉型社區。

於是，我開始努力跟當地人說我所聽到的西拉雅故事，還有這些故事為什麼動人、有趣。

過去以來，在我國際發展顧問的工作經驗中，留意到國際發展組織如美國國際開發總署（United States Agency for International Development，縮寫為USAID），作為承擔美國大部分對外非軍事援助的聯邦政府機構，下屬有一個專門倡議在東協國家之間以民間NGO組織為主體，共同設立一個東南亞地區共通環境評估標準及規範的單位「PACT」的東南亞總部，發現為了將不同東協國家的環境組織、環保倡議人士凝結在一起，需要設立一個非常獨特、前所未有的職位，即所謂「說書人以及內容顧問」（Storyteller and Content Advisor）的角色，就是以找到故事、整理

不切實際，說不定才是我最需要「學習」的。
大多數人在台灣生活，都太實際。

出故事脈絡，並且訓練當地社區以及計畫相關人員知道要如何說這一個故事的角色。簡而言之，就是很會「說故事」。

不說故事的時候，我隨身帶著瑜伽墊，在西拉雅探索。

瑜伽墊是我的魔毯，我帶著它去西拉雅，去到哪裡就坐到哪裡，聽讓人眼睛發亮的故事，聽自然的聲音。或許有一天，我也能夠聽到咖啡悠長隨著時間、溫度、濕度、季節、職人的手，而不斷翻轉改變的韻，就像聽錚錚鏦鏦的音符一樣。

當然，這只是我自己的故事。團隊裡面每一個人，也都有著屬於他們自己愛上西拉雅的故事。

身為「青蛙團隊」的我們，不是西拉雅族人，就像青蛙永遠不是魚，我們之間，好像永遠有一段跨不過去的距離，這樣的感受，即使在西拉雅住了幾世代的漢人，像龍湖山的小二哥，也有這樣的感慨。所以有一天，我忍不住問「西拉雅公主」段淑云，誰才是「西拉雅人」？

平時特別愛開玩笑的段淑云，突然正色說：「西拉雅人就是愛西拉雅的人，生長在西拉雅，生活在西拉雅，以西拉雅為榮。不需要是西拉雅族，才是西拉雅人。」

我拿同樣的問題問穆麗君，她想了一想後也說：

「作為一個成年以後才知道自己是西拉雅族的人，我從過去不想被認為是『番仔』的撇清，逐漸走向認同。我相信西拉雅人除了能夠透過血緣上的認定，也可以透過文化上的認同，變成西拉雅人。」

聽了兩位年輕族人這麼說，心裡才覺得踏實起來。雖然我們不能選擇成為西拉雅族，卻可以成為西拉雅人，而「愛」是唯一的資格。

然後我突然明白了，尋找西拉雅，就是尋找台灣。

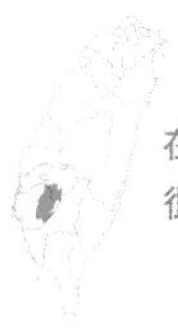

在台灣參與旅行的民眾、官方、甚至旅行業者，
很多其實都不知道「如何旅行」。

只要是愛西拉雅的人，都是西拉雅人。

因為尋找西拉雅在台灣歷史、地理、文化上的定位，其實跟台灣在世界上尋找屬於自己位置的處境，相似極了。這份對西拉雅的愛，對台灣的愛，勝過一切的爭執。

西拉雅選擇了我們

作為一個別人心目中的「旅行作家」、同時身為過去二十多年來沒有住過台灣的台灣人，我有比許多人更多的時間，在想「台灣旅行」這件事。這二十多年來的旅行生活，除了個人的旅行之外，還包括十多年在東南亞內戰重建的社區工作、代表美國監察機構參與戰後重建，還有多年在荷蘭籍的郵輪公司擔任訓練工作，我在這個世界因為工作或樂趣而旅行的足跡，早已經超過自己第一次背上背包時的想像。

二十多年後，我清楚地明白了一件事：這二十多年來的旅行，真正讓我變成「旅行專家」的，並不是「去了哪裡」，在世界地圖上插旗，而是透過世界各地，接觸各式各樣的旅行者之後，終於學會了「如何旅行」這件事。

回頭看到故鄉台灣，我驚覺到，參與旅行的民眾、官方、甚至旅行業者，很多其實都不知道「如何旅行」。

民眾因為不知道如何旅行，所以才會每到一個地方，就吃個飯，泡個湯，打個卡，買個伴手禮，然後回家睡覺，自己還覺得是旅遊達人。

地方政府因為不知道如何旅行，所以農會、公所以為拿個十萬塊，拉紅布條，搭台子，潦潦草草辦一個又一個叫不出名字的花季、水果季，就是觀光推展。

旅行業者因為不知道如何旅行，所以值得深度體驗的地方，卻往往只有推出半日遊、一日遊，同時以權威的姿態說台灣旅行只能如此。會玩跟不會玩，決定了一個地方觀光業的高度。

不只台灣，其實世界到處都一樣。

日本中部北陸的民眾因為不知道如何旅行，所以十多年前，根本不覺得自己家附近的雪牆有什麼好看，還是台灣的旅行業者費了九年二虎之力去說服在地商家，台灣人沒有看過十八公尺高的雪，一定有賣點。

台灣幫日本打造出來的這個新景點，就是如今的立山黑部的雪之大谷，如今成為幾乎所有參加旅行團去日本長野的台灣觀光團，必去的打卡、拍照勝地。旅行業者和地方政府是否能夠站在同一陣線緊密合作，是另一個成敗的關鍵。

「我可以做什麼？」以及「我願意做什麼？」
變成我心裡越來越大的聲音。

會玩跟不會玩，決定了一個地方觀光業的高度。

一直到今天，我都還在學習如何旅行台灣。

日本立山黑部，曾經為了推展自家的冷門景點，每月自掏腰包買機票到台灣來，親自一家一家拜訪旅行業者，持續好幾年，不厭其煩一一告訴台灣的旅行業者，他們所代表的鄉下其實很值得玩，以及該如何玩。

有另一個原先根本沒有觀光客的鄉下，每年只能吸引幾十個觀光客去的沉睡景點，竟然說服了台灣某個運動用品品牌，組織每年超過一千多人的台灣戶外旅行團，特地前往健行。

假如日本當地沒有這些政府跟旅行社的合作，或是沒有台灣的旅客，根本不會存在這兩個超熱門的旅行地點。

如果台灣的旅行社可以幫日本原本毫無特色的鄉下點石成金，增加總客人數，提高單客消費，延長停留時間，當然也可以把這些重要的經驗帶回來，用同樣的方式打造台灣，讓在地民眾跟各級地方組織透過學習如何旅行，創造新景點，增強本土景點的含金量。

其實交通部觀光局也發現旅行業者需要轉型，旅遊產品要更在地、更有故事性、更創新，而大眾更應該走出來，看看我們這塊土地，多一些想法。台灣觀光是全民運動、全民參與，大家應該一起來說屬於我們自己的故事。

面臨觀光發展的問題，我們往往執著於表面的數字，不外乎每一年從哪一個國家來了多少人，哪一類客人每天平均消費多少錢，而不是在影響力上進行「量化」，這麼做的後果，恐怕是帶來的誤導比答案還要多。

「我可以做什麼？」以及「我願意做什麼？」這一、兩年開始，變成我心裡越來越大的聲音。

然後，我找了幾個特別懂得「如何旅行」、也對於台灣旅行有深刻情感的國內外朋友，組成一個非正式的顧問團隊，開始做一些我們能夠做的事情。

用西拉雅關子嶺特有的泥漿所製作的泥漿溫泉蛋（由五福園老闆娘示範）。

這裡面，除了我自己，還包括了催生日本新景點的旅行行銷專家、在非洲模里西斯協助當地觀光產業成功升級的德國人、西班牙長大的專業影像記錄工作者、專辦韓星演唱會活動的公司、出版專家、社造專家、包裝專家，還有幾個有心改變現狀的公務員，開始到台灣的景區做一些雞婆的事，成了從世界各地跳進西拉雅這個池塘的「青蛙團隊」。

「我剛好有帶斧頭，請讓我把你窗外這七棵會擋住夕陽的檳榔樹砍掉吧！」

「老闆娘，我幫你把店裡的雜物清一清好不好？」

「我來你們餐廳三次，竟然不知道你有在賣產品！我可不可以教你怎麼陳列？」

「阿伯，這種燈光如果換成那樣會比較好喔！」

「老闆，你不要對來借廁所的遊客那麼兇，他們已經走進你的店裡了，你應該高興才對，要想辦法吸引他們的目光，研究看看要怎麼讓他們想要買東西啊！」

「你的柴燒龍眼乾雖然很棒，但一斤一斤賣實在太可惜了，可以產品行程化，做五天四夜的產地旅行，讓人家來學習即將失傳的傳統手藝啊！」

「我們可以開說故事工坊，教你把故事說好，用故事行銷產品喔！」

「咖啡雖然好，可是你有別人也有，咖啡葉的嫩尖一心二葉摘下來，可以做成茶包，本來是垃圾，卻變成別人沒有的獨家新產品，要不要試試看？」

「聽說附近河邊有一個露營好幾個月的義大利嬉皮，偶爾會自己做麵包去附近的假日市集賣，我們去找他來做烘焙教室怎麼樣？」

就這樣，無論有沒有資源，我們一群已經懂得玩的人，開始在台灣做這件一直想做的事，用我們微小的力量，試著教台灣人「如何旅行」。

除了「西班牙」，我們還遇過以為「西拉雅」在「西雅圖」的，甚至有跟雲南「西雙版納」搞混的。知道立山黑部的台灣人，好像還比知道西拉雅的更多。

就算好不容易遇到了西拉雅族人，他們也幾乎沒有人會說族語，連「Mariang Wagi」是日安的意思也沒聽說過。在覺得不可思議的同時，我也繼續樂觀地相信，這正代表著台灣旅行有著無窮的潛力。

即使我曾經到過世界的盡頭旅行無數次，每年平均有一百天會搭飛機，但我在傳遞旅行訊息的同時，也還一直在學習如何旅行台灣，每天也都還在發掘連當地人也不知道的新景點、讓外人驚豔的新產品。

所以，懂得如何旅行的人，請別再用「一日遊」跟莫名其妙的伴手禮，來廉價消費台灣這塊土地，侮辱台灣美好的生活方式。

我的身體跟大地是連結的，
我的心是滿的，而我，是快樂的。

如果覺得台灣不好玩，或無法說服更多人喜歡在台灣旅行，極有可能只是因為我們自己知道得太淺，或是愛得不夠深。

走遍世界以後，我重新透過旅行對台灣再發現，沿路充滿了驚奇。

請容我這麼說：台灣旅行，從來就不是誰來不來的問題，追根究柢，在於我們到底會不會玩。

消失的部落

「西拉雅」作為一個族群，不是一個毫無爭議的概念；作為一個地方，也不是像澎湖、阿里山那樣界線清楚的區域。

因為這樣，許多人覺得西拉雅好「難」，但是作為一個喜歡旅行的人、一個長年不在台灣的國際NGO工作者的角度，從零開始慢慢認識西拉雅，我卻覺得有趣極了。因為沒有理所當然，我們每個人才能從不同的視角，發現到不同的西拉雅。

比如說，對於西拉雅族的傳統祭典，有些人看到神祕的宗教色彩，我看到的不是宗教，卻是西拉雅族人對於救命恩人感懷的心意。每年農曆九月五日傳統吉貝耍的「夜祭」和「噻海祭」，是離海最遠的海祭。當天下午兩點左右，吉貝耍人陸續擔著最好的祭品，到大公廨西南方農路上，一字排開，排列在農路兩旁，以來答謝「阿海」。

阿海是誰呢？根據當地耆老說，當初西拉雅族的祖先渡海來台，遇到颱風，還好受到台南當地這位叫做阿海的漁民出手相救，引導他們從倒風內海到蕭壠登陸。後來阿海在農曆九月初五於魚塭遭雷殛身亡，蕭壠社民感念其恩情，在現在的七股大埕里一代的「番仔塭」建了一個小廟紀念他，並且尊稱他為「海祖」。後來即使族人後代搬遷到內陸的吉貝耍，無法再回到海邊祭拜，為了能夠繼續感念阿海對祖先們的救命之恩，所以每年在他的祭日，繼續站在附近的農田，面向西南方大海的方向，用充滿悲傷的心情來祭拜阿海。

海祭的程序，根據維基百科，是這麼說的：

時辰一到，祭司吆喝大家到祭壇前「三向」（西拉雅語，祭拜的儀式名詞），三向畢，祭司拿起尪祖拐、澤蘭葉（西拉雅祭司法器），口含米酒噴向空中，請祖靈、海祖來看「海戲」，並且接受子民們的祭品，這時「牽曲」婦女（西拉雅族特殊的敬神舞曲，以西拉雅母語吟唱）也圍繞著祭壇祀壺，吟唱出肅穆悲涼的歌聲，表達對祖靈眷顧的感恩。祭司時而回到祭壇，時而奔向前方，迎接祖靈們的到來，農路兩旁一字排開的祭品，在助理祭司的指示下，族人將甘蔗葉插入酒瓶中，不久祭司就代表祖靈一一巡視村人擺設的祭品飯菜，祖靈若歡喜點收子民心意，祭司下令由助手逐一把插在祭品酒瓶上的蔗葉拔去，「戳酒洞」畢表示祭典即將告一段落，祭司回到祭壇以剖半檳榔為擲筊，請示祖靈，「聖杯」後牽曲才可停止，族人也收拾飯菜，一小時左右的「嚎海祭」畫上句點。

這個緬懷恩人的祭典，跟大多數宗教信仰傳統上慶祝「神明」的「聖誕」，意義非常不同。雖然有人批評西拉雅的傳統信仰是「漢族帶進來的信仰」，甚至因此說「凡是信仰傳統信仰的西拉雅族人，如果不承認自己是漢人，就必須承認信仰的不是自己的本族原始信仰。」我個人是一笑置之的，因為全世界各地原住民大多數如今信仰基督教，顯然這是西方帶進來的信仰，按照這個邏輯，是不是只要信仰基督教的原住民，若不承認自己的信仰不是自己的本族原始信仰，就必須承認自己是歐洲人呢？那也太可笑。

走遍世界以後，
我重新透過旅行對台灣再發現，沿路充滿了驚奇。

西拉雅族的樂器與十字繡。

西拉雅族的祭拜儀式。

與其執著於西拉雅族人的信仰系統，我看到更多的是西拉雅族人知恩圖報的溫暖性格。

同樣的，信仰基督教的西拉雅族人，雖然不接受傳統信仰，但也用自己獨特的方式湧泉回報自己族人的文化。因為萬長老用《新港語馬太福音》來編寫西拉雅語字典，女兒萬淑娟和菲律賓籍夫婿萬益嘉（Edgar Macapili），從二〇〇一年起蒐集台灣荷蘭統治時期及日治時期遺留之部落史料，以及新港文書等語料加以研究，讓這個原本被語言學家及聯合國教科文組織列為死語的語言，逐漸從死中奇蹟般復活，慢慢復甦和使用，進入西拉雅在地的國小母語教育中，從「死語」變成「復育中」的語言。

台灣旅行，從來就不是誰來不來的問題，而在於我們到底會不會玩。

或許就像文史工作者說的，一部字典的誕生，或許無法宣告一個已經死亡語言的復活，但卻可以是一場文化的甦醒運動，西拉雅族人將從此找到歷史記憶，重新定位自己。

我想起在西拉雅境內的曾文水庫，坐在嘉義縣大埔鄉民代表會主席吳宗霖、和平村長吳明勳、從新竹科學園區返鄉創業的吳倚豪，在地人稱「大埔三兄弟」駕著的竹排上，看到沉沒在曾文水庫底下的西拉雅過去。我拿著釣竿，餵著成群的老鷹，依稀看到水中，那個被封存在水底的村落，據說當年為了興建水庫，這個從西拉雅族中獨立出來的大滿族人村落，被遷村安置到高雄小林村，卻沒想到多年後在莫拉克颱風中滅村。但是當我們的竹排漂在昔日部落的天空，昔日的山頂露在水面上，依然長滿了竹子，等待綠竹筍季節的收成，竹林裡野豬奔竄，部落並沒有消失，只是用另外一種方式，在水面下被完整保留下來。

我想到英國藝術家達米恩·赫斯特（Damien Hirst）在威尼斯備受爭議的展覽「令人難以置信的沉船寶藏」（Treasures from the Wreck of the Unbelievable）。

這個展覽記錄了一起沒有發生過的沉船事故，展示號稱來自一艘兩千多年前在東非海岸邊沉船上的「珍寶」。

根據傳說，這艘船上裝載了幾乎所有當時已知文明的工藝品，而這些東西的收藏者則是被解放的奴隸 Cif Amotan II，在運輸的過程中船沉沒了，船及船上的珍寶就這麼一直留在了海底，直到二〇〇八年才被發現。

展覽由一百九十件作品組成，最大的一件超過十八米高，看起來像是青銅雕像，實際上卻是樹脂做的。到底這個關於奴隸和海底寶藏的故事是真，是假？

雖然我們不能選擇成為西拉雅族，
卻可以成為西拉雅人，而「愛」是唯一的資格。

就像一位藝評人說的：雙眼對事實的判定似乎起不了作用，呼應著由英國浪漫主義詩人柯勒律治（Samuel Taylor Coleridge）在一八一七年提出的，當觀眾與讀者面對作品，有時應以「停止懷疑的意願」概念，觀看作品。

就像達米恩・赫斯特所說，這次展覽可以說是戲弄，因為這一切都是你想要相信的。言下之意，似乎在指涉這個「後真相」時代下的世界。一部好戲必定有自己的故事背景，西拉雅亦如是。

有人看到原住民與地方政治的角力，我看到的是對故鄉的愛。有人強調血統純粹性的爭議，我看到的是對原鄉土地的認同。當有人對於西拉雅樂器、十字繡的正統性提出質疑的時候，我看到的是對於西拉雅失落的過去，想要追本溯源的決心。

越有人想要證明西拉雅族不存在，卻只能越證明西拉雅的存在，只是還沒有找到大家都同意的詞彙。

在我的心目中，西拉雅生活的每一天，當然都是真的。有機的慢生活，靠天吃飯的小農，春耕、夏耘、秋收、冬藏，都是真的。

對土地的愛，是真的。

每一顆龍眼，每一粒咖啡櫻桃，每一顆青梅，每一朵龍眼花，每一顆芒果，每一滴汗水，當然也都是真的。

就像這本書裡面的每一個人，對西拉雅的愛，都是真的。雖然我們不能選擇成為西拉雅族，卻可以成為西拉雅人，而「愛」是唯一的資格。

尋找西拉雅，就是尋找台灣。只要台灣的存在是真的，西拉雅的存在，就是真的。

我眼裡與眾不同的西拉雅

回顧在西拉雅生活的每一天，一切都是那麼美好。

國家圖書館出版品預行編目資料

在西拉雅呼喊全世界：褚士瑩發現台灣之旅 / 褚士瑩著 .——初版——臺北市：大田，2017.09

面；公分 .——（Creative ; 121）
1. 旅遊文學 2. 西拉雅國家風景區

ISBN 978-986-179-501-0（平裝）

733.64 106012008

Creative 121

在西拉雅呼喊全世界：
褚士瑩發現台灣之旅

褚士瑩◎文字
孔子君◎攝影

出版者：大田出版有限公司
台北市 10445 中山北路二段 26 巷 2 號 2 樓
E-mail：titan3@ms22.hinet.net http：//www.titan3.com.tw
編輯部專線：（02）2562-1383 傳眞：（02）2581-8761
【如果您對本書或本出版公司有任何意見，歡迎來電】

總編輯：莊培園
副總編輯：蔡鳳儀　執行編輯：陳顗如
行銷企劃：古家瑄 / 董芸
版型設計：賴維明
校對：黃薇霓 / 金文蕙
法律顧問：陳思成
印刷：上好印刷股份有限公司（04）2315-0280
初版：2017 年 09 月 10 日 定價：380 元
三刷：2017 年 11 月 05 日
國際書碼：978-986-179-501-0 CIP：733.64/106012008

SIRAYA
西拉雅
交通部觀光局
西拉雅國家風景區管理處
Siraya National Scenic Area Administration

網站
粉絲專頁

From：

地址：

廣告回信
台北郵局登記證
台北廣字第01764號

平　信

To：台北市 10445 中山區中山北路二段 26 巷 2 號 2 樓

大田出版有限公司　／**編輯部　收**

電話：（02）25621383　傳眞：（02）25818761

E-mail：titan3@ms22.hinet.net

意想不到的驚喜小禮等著你！

只要在回函卡背面留下正確的姓名、
E-mail和聯絡地址，並寄回大田出版社，
就有機會得到意想不到的驚喜小禮！
得獎名單每雙月10日，
將公布於大田出版粉絲專頁、
「編輯病」部落格，
請密切注意！

編輯病部落格

大田出版

大田出版 讀者回函

姓　　名：＿＿＿＿＿＿＿＿＿＿＿＿＿＿＿＿＿＿＿＿＿＿＿＿

性　　別：□男 □女

生　　日：西元＿＿＿＿年＿＿＿＿月＿＿＿＿日

聯絡電話：＿＿＿＿＿＿＿＿＿＿＿＿＿＿＿＿＿＿＿＿＿＿＿＿

E-mail：＿＿＿＿＿＿＿＿＿＿＿＿＿＿＿＿＿＿＿＿＿＿＿＿

聯絡地址：＿＿＿＿＿＿＿＿＿＿＿＿＿＿＿＿＿＿＿＿＿＿＿＿

＿＿＿＿＿＿＿＿＿＿＿＿＿＿＿＿＿＿＿＿＿＿＿＿

教育程度：□國小 □國中 □高中職 □五專 □大專院校 □大學 □碩士 □博士

職　　業：□學生 □軍公教 □服務業 □金融業 □傳播業 □製造業

□自由業 □農漁牧 □家管□退休 □業務 □ SOHO 族

□其他 ＿＿＿＿＿＿＿＿＿＿＿＿＿＿＿＿＿＿＿＿

本書書名：0714121 在西拉雅呼喊全世界：褚士瑩發現台灣之旅

你從哪裡得知本書消息？

□實體書店 ＿＿＿＿＿＿ □網路書店 ＿＿＿＿＿＿ □大田 FB 粉絲專頁

□大田電子報 或編輯病部落格 □朋友推薦 □雜誌 □報紙 □喜歡的作家推薦

當初是被本書的什麼部分吸引？

□價格便宜 □內容 □喜歡本書作者 □贈品 □包裝 □設計 □文案

□其他 ＿＿＿＿＿＿＿＿＿＿＿＿＿＿＿＿＿＿＿＿

閱讀嗜好或興趣

□文學 / 小說 □社科 / 史哲 □健康 / 醫療 □科普 □自然 □寵物 □旅遊

□生活 / 娛樂 □心理 / 勵志 □宗教 / 命理 □設計 / 生活雜藝 □財經 / 商管

□語言 / 學習 □親子 / 童書 □圖文 / 插畫 □兩性 / 情慾

□其他 ＿＿＿＿＿＿＿＿＿＿＿＿＿＿＿＿＿＿＿＿

請寫下對本書的建議：

※ 填寫本回函，代表您接受大田出版不定期提供您出版相關資訊，
大田出版編輯部 感謝您！